KLAUS BEDNARZ

DAS KREUZ DES NORDENS

REISE DURCH KARELIEN

MIT BILDERN
VON GABI MÜHLENBROCK

ROWOHLT · BERLIN

Die Fotos auf den Seiten 20–25, 118–121, 124–140, 185 u., 187 und 226 stammen von Maxim Tarasjugin. Alle anderen Fotos: Gabi Mühlenbrock.

Die DVD «Das Kreuz des Nordens – Reise durch Karelien» sowie viele weitere Titel von Klaus Bednarz sind im ARD Video Shop unter www.ard-video.de erhältlich.

1. Auflage Dezember 2007
Copyright © 2007 by Rowohlt · Berlin Verlag GmbH, Berlin
Alle Rechte vorbehalten
TV-Sendetitel und Logos: © Das Erste/WDR, Köln
Agentur: WDR mediagroup licensing GmbH
Lektorat Jens Dehning
Layout Joachim Düster
Lithographie Susanne Kreher
Kartographie Peter Palm, Berlin
Satz aus der Plantin und Formata PageOne
KCS GmbH, Buchholz bei Hamburg
Druck und Bindung Mohn Media Mohndruck GmbH, Gütersloh
Printed in Germany
ISBN 978 3 87134 578 4

INHALT

DAS KREUZ DES NORDENS –
EIN PANORAMA

Die Kuppeln der Mariä-Schutz-Kirche auf der Insel Kishi im Onega-See.

Das Folklore-Ensemble von Kishi.

Seenlandschaft in Finnisch-Karelien.

Karelischer Bauer bei der Heuernte.

Der Fluss Schuja. Er durchquert Karelien von Westen nach Osten.

Das Dorf Serjodka auf einer Insel im Onega-See.

Karelischer Wald, gerade und hoch gewachsen – der größte Sauerstoffproduzent Europas.

Die Mauern des Klosters Solowki im Weißen Meer.

Rentiere in der Tundra, unweit des nördlichen Polarkreises. Ihre Hirten gehören zum Volk der Samen, einem der Urvölker Kareliens.

TEIL 1: VOM ONEGA-SEE ZUM POLARKREIS

Auf dem Onega-See

Der altersschwache Kutter, dessen dunkler Rauch durch den verrosteten Schornstein in die glasklare, würzige Seeluft entweicht, keucht und rumpelt, als würde er jeden Augenblick seinen Geist aufgeben. Doch Iwan, der junge Kapitän, beruhigt uns. Sein «Sturmvogel», wie der Dampfer heißt, sei nicht einmal fünfzig Jahre alt, und er würde uns wohlbehalten über den Onega-See bringen, wohin auch immer wir wollten. Vorausgesetzt, die erst kürzlich reparierte Antriebswelle versage nicht endgültig. Denn Ersatzteile für diesen Schiffstyp gebe es nicht mehr.

Wir sind inzwischen fast drei Stunden unterwegs, und nur im Süden ist noch schemenhaft ein Uferstreifen zu erkennen. Ansonsten Wasser, so weit das Auge reicht. Der Onega-See ist – nach dem benachbarten Ladoga-See – der größte Europas. Jetzt packt Maxim zum ersten Mal seine Kamera aus und wartet auf das weiche Nachmittagslicht, das die Schatten der phantastischen Wolkenformationen auf dem fast ruhigen Wasser wie von Zauberhand zerfließen lässt.

Mehr als ein Jahr haben wir diese Drehreise vorbereitet. Sie soll uns kreuz und quer durch Karelien führen, jenes sagenumwobene Grenzland zwischen Russland und Finnland. Es erstreckt sich von St. Petersburg bis zum nördlichen Polarkreis, vom Finnischen Meerbusen im Westen bis zum eisbedeckten Weißen Meer im Osten. Als «Land der blauen Seen, schroffen Felsen, wilden Flüsse und unendlichen Wälder» wird es in unzähligen Gedichten und Liedern beschrieben; ein Land, umrankt von geheimnisvollen Mythen, die bis in die graue Vorzeit zurückreichen.

Fast die Hälfte der Fläche Kareliens ist von Wasser bedeckt, mehr als sechzigtausend Seen sollen es sein. Der Rest sind Wälder – das größte Waldgebiet Europas, der größte Sauerstoffproduzent des Kontinents.

Das alles haben wir in vielen klugen Büchern gelesen. Und es geht uns erneut durch den Kopf, während unser «Sturmvogel» ächzend durch das tiefblaue Wasser pflügt. Wir – das sind Kameramann Maxim aus St. Petersburg, mit dem ich schon Filme über Ostpreußen, den Baikalsee, Sibirien und Feuerland gedreht habe; dazu Toningenieur Andrej, ebenfalls erprobt in Sibirien und am Baikalsee, Gabi Mühlenbrock, die uns als Fotografin bereits auf mehreren dieser Reisen begleitete, sowie Igor, seit vielen Jahren als Producer für das ARD-Studio in Moskau tätig.

Für Maxim, Andrej und Igor war die Idee, einen Film über Karelien zu machen, naheliegend – im Wortsinne. Sie alle leben in St. Petersburg, und Karelien beginnt fast vor ihrer Haustür. Die Natur wie die Geschichte dieser Landschaft sind ihnen seit Kindheit vertraut, die dunklen Zeiten ebenso wie die hellen, wie es in einer russischen Redewendung heißt.

Obwohl im Hohen Norden gelegen, ist Karelien eine der ältesten Kulturlandschaften Europas. Über sechstausend Jahre alte Steinzeichnungen an der Küste des Weißen Meeres, unweit des Polarkreises, sind gut erhalten und zeugen vom Leben und Alltag der urzeitlichen Meeres- und Taigajäger in dieser Region. Der Süden Kareliens birgt einzigartige kulturhistorische Denkmäler, kunstvolle Bauten altrussischer Holz- und Steinarchitektur, die nach dem Ende der Sowjetunion teilweise wieder ihrer geistlichen Bestimmung übergeben wurden.

Seit dem 12. Jahrhundert hatten sich hier im Nordosten Russlands, wo es keine Leibeigenschaft gab, russische Bauern angesiedelt, die meist im Frieden mit den karelischen Urvölkern – vor allem Kareliern, Wepsen, Samen – lebten. Russisch-orthodoxe Einsiedlermönche gründeten an den äußeren Grenzen Kareliens mächtige Klöster und Kirchen, die, wie es in einer alten Chronik heißt, «Frieden und Ruhe in den Herzen der Menschen des Nordens verteidigen sollten». Und bald schon brachten sie die finnisch-ugrischen Urbewohner Kareliens dazu, den orthodoxen Glauben der Russen anzunehmen. Der Reichtum der Natur und der Fleiß seiner Bewohner, meist Bauern,

Handwerker und Fischer, ließ Karelien bis ins 19. Jahrhundert zur wohlhabendsten Region Nordrusslands und Finnlands werden.

Doch auch die dunklen Zeiten Kareliens sind uns bewusst. Nur wenige Regionen Europas wurden in der Geschichte so heftig umkämpft wie das – gemessen an seiner Gesamtfläche – fast menschenleere Karelien. Auch heute noch leben dort, auf einem Territorium beinahe so groß wie Deutschland, weniger Menschen als etwa in Köln, knapp achthunderttausend. Jahrhundertelang war Karelien Spielball der großmächtigen Nachbarn Russland und Schweden, gebeutelt von Kriegen, Schauplatz blutiger Schlachten, Reibungsfläche zwischen östlicher und westlicher Kultur und Religion. Noch im vergangenen Jahrhundert lieferten sich Russen und Finnen, deren Staat erst 1917 unabhängig wurde, blutige Kämpfe um Karelien – den legendären «Winterkrieg» 1939/40 und den «Fortsetzungskrieg» an der Seite der deutschen Wehrmacht in den Jahren 1941 bis 1944, der schließlich mit dem Sieg der Roten Armee und der Teilung Kareliens endete. Fast neun Zehntel Kareliens fielen an die Sowjetunion, der Rest verblieb bei Finnland. Und so ist es bis heute.

Auf der fast achtstündigen Autofahrt von St. Petersburg in nordöstlicher Richtung zum Onega-See haben wir eine Grenzstation passiert, an der uns – quer über die Straße – ein großes Transparent begrüßte: «Willkommen in der Autonomen Russischen Republik Karelien». Kontrolliert wurden wir nicht. Die Autonomie habe nichts zu bedeuten, murmelte Igor. Sie stehe nur auf dem Papier. Auch in Russisch-Karelien werde alles Wichtige von Moskau entschieden.

Gegen Abend kommt über dem Onega-See Wind auf. Wir haben gelesen, dass der Name des Sees aus dem Finnischen stammt und «rauschendes Gewässer» bedeute, was auf die heftig tosenden Wellen während der Herbst- und Frühlingsstürme zurückzuführen sei. Doch unser Kapitän beruhigt uns. Zum einen hätten wir Sommer, und ohnehin sei es nicht mehr weit bis zum ersten Ziel unserer Drehreise – der Insel Kishi, einer von etwa 1400 Inseln im Onega-See. Sie wird im russischen Volksmund die «Perle Kareliens» genannt. Und als sich die ersten Kuppeln und Türme am Horizont aus dem Wasser erheben, verstehen wir auch, warum. Ihre Schönheit macht uns sprachlos, und Maxim schaltet die Kamera nicht mehr aus. Er lässt sie einfach weiterlaufen – bis es dunkel wird und unser «Sturmvogel» unweit des einzigartigen Kirchenensembles von Kishi an einer einsamen Hütte mitten im Schilf anlegt.

Kishi, die «Perle Kareliens»

Es ist schon unser dritter Tag auf Kishi – und noch immer müssen wir Maxim fast gewaltsam davon abhalten, seine Kamera ohne Unterbrechung laufen zu lassen. Nahezu stündlich, zuweilen von Minute zu Minute, ändert sich das Licht, wechseln die Farben des Himmels, die Formen der Wolken. Wir entdecken Farbtöne, wie wir sie zuvor in der Natur nicht gesehen haben. Auf den Filmbildern und Fotos erscheint es, als seien sie am Computer entstanden. Und mit jedem Wechsel des Lichts und der Farben nimmt das Ensemble der großen und kleinen Kirchen auf Kishi einen anderen Charakter, einen anderen Ausdruck an. Sie gelten als die berühmtesten Werke der russischen Holzbaukunst.

«Nirgendwo sonst zwischen Europa und dem Stillen Ozean», erklärt uns die Direktorin des «Architekturhistorisch-ethnographischen Museumskomplexes», zu dem die Kirchen auf Kishi heute zählen, «haben sich so kunstvolle Bauten altrussischer Holzarchitektur erhalten wie hier in Karelien.» Die prächtigste der Kirchen, die Christi-Verklärungs-Kirche mit ihren 22 Kuppeln und 40 000 Schindeln aus Espenholz, kunstvoll zusammengefügt ohne Nägel, Moos oder andere Bindemittel, vergleicht sie in «ihrer Bedeutung als christliches Bauwerk» mit der Hagia Sophia in Konstantinopel, der Moskauer Basilius-Kathedrale und Notre-Dame in Paris. Dabei, so Ekaterina Awerjanowa, die viele Jahre im Kulturministerium Kareliens gearbeitet hat, seien die Kirchen auf Kishi «reine Bauernkirchen» gewesen, errichtet von den Bewohnern der umliegenden Dörfer als «Gemeindekirchen», sakrale wie weltliche Versammlungsorte. Für diese Bauern, die zugleich außerordentlich begabte Handwerker waren und ihren Reichtum vor allem beim Bau von St. Petersburg erwarben, seien die von ihnen errichteten Kirchen «gewöhnliche russische Kirchen» gewesen, erbaut mit einem «natürlichen Sinn für Schönheit». Dass daraus ein «Heiligtum der russischen Orthodoxie» würde, hätten sich die Bauern von Kishi wohl nicht träumen lassen.

In russischen Reiseführern neueren Datums werden die Kirchen auf Kishi indes auch in patriotischem Sinne mit der Geschichte Russlands verknüpft. Sie kolportieren die Legende, dass der Bau der Christi-Verklärungs-Kirche von Zar Peter dem Großen höchstpersönlich angeordnet wurde. Tatsächlich ist sie – am Platz einer abgebrannten Kirche – während des Nordischen Krieges errichtet und 1714 vollendet worden, im Jahr des Sieges der russischen Flotte über die mächtige Armada Schwedens – eine «feierliche Hymne dem heldenhaften russischen Volk», wie es in einem der Reiseführer heißt.

Dass die Holzkirchen auf Kishi bis zum heutigen Tag in nahezu unveränderter Gestalt erhalten sind, erscheint nicht nur der Museumsdirektorin als ein Wunder. Zwar erließen die Bolschewiki ein strenges Verbot, die Kirchen für Gottesdienste zu nutzen, und erschossen – wie so viele Geistliche an anderen Orten – auch den Priester von Kishi. Doch sie ließen die Bauwerke als «Denkmal der Architekturgeschichte» äußerlich weitgehend unangetastet. Im Zweiten Weltkrieg, im November 1941, erhielt die an der Seite der deutschen Wehrmacht kämpfende finnische Luftwaffe den Befehl, Kishi zu bombardieren. In den Kirchen, so die Begründung, würden sich russische Partisanen versteckt halten. Doch der finnische Bomberpilot widersetzte sich dem Befehl. Nachdem er Kishi überflogen und dort im Schnee keine Spuren von Partisanen entdeckt hatte, machte er kehrt, ohne seine Bombenlast auszuklinken. Im Jahr 1999 besuchte er als Tourist Kishi, hoch geehrt.

Heute bemühen sich Fachleute aus aller Herren Länder, darunter auch Deutschland, um den Erhalt und die Restaurierung der Holzkirchen, die vom strengen Klima des Nordens in den vergangenen Jahrhunderten erheblich in Mitleidenschaft gezogen wurden und teilweise sogar von akuter Einsturzgefahr bedroht sind. Vor allem die im Inneren marode Hauptkirche «Christi Verklärung» bedarf dringend einer Sanierung. Doch die Mittel dafür, so die Direktorin, reichen vorne und hinten nicht. «Alles Geld, das wir erhalten, kommt vom Staat. Und der gibt heute für Kultur weit weniger aus als früher.» Es gebe auch keine Sponsoren, denn es fehle eine Gesetzgebung, die potenzielle Geldgeber ermutigen könnte.

Im Jahr 2001, erzählt Ekaterina Awerjanowa stolz und bekümmert zugleich, habe Russlands Präsident Wladimir Putin die Insel Kishi besucht. Ein «toller Kerl», der schon morgens um sieben Uhr in die Sauna gegangen sei. Und für die Kirchen sei er voller Bewunderung gewesen. Man müsse alle Kirchen renovieren, habe er gesagt, nicht nur die Hauptkirche: «Was sollen denn sonst die Touristen von uns denken?» Eine Ikone habe der Präsident gestiftet, für die Mariä-Schutz-Kirche. «Aber mehr Geld ist aus Moskau seither nicht gekommen», so die Direktorin. Und dann verabschiedet sie sich eilig, weil sie den Ministerpräsidenten Weißrusslands begrüßen muss, der mit einer Delegation zu Besuch nach Kishi gekommen ist. «Aber Geld wird er wohl auch nicht mitbringen.»

Vom einst so stolzen Bauernstand auf Kishi können wir nichts mehr entdecken. Lediglich auf einer Wiese unweit der Hauptkirche beobachten wir ein älteres Ehepaar bei der Heuernte – mit Holzrechen und Forke. Sorgfältig harkt die Frau im weißen Kopftuch das mit der Sense gemähte Gras zusammen, fährt mit dem Rechen drei- bis viermal über jedes abgeerntete Stück Erde, darauf bedacht, nur ja keinen Halm liegen zu lassen. Mit der Forke spießt ihr Mann, der aussieht wie Lew Tolstoj und auch so gekleidet ist, das zusammengeharkte Gras auf und trägt es zu großen Haufen zusammen. Die beiden sind, wie sie erzählen, die letzten Bauern auf Kishi. Nach der Ausrottung der freien Bauern durch Stalin, der Zwangskollektivierung und dem Zusammenbruch der meisten Kolchosen und Staatsgüter bei Ende der Sowjetunion gibt es in Russisch-Karelien praktisch keine Landwirtschaft mehr, sagen die beiden, «die Erde liegt brach». Ihre Kinder sind erwachsen, leben in der Stadt. «Uns reicht, was wir haben. Eine Kuh und ein Pferd.» Früher waren sie Landarbeiter auf der Kolchose von Kishi, haben für ihr eigenes Vieh, wie sie sagen, immer nur die Ecken gemäht, wo die Traktoren nicht hinkamen. «Jetzt kümmert sich niemand mehr um das Land. Man kann mähen, wo man will, wie viel man will. In dieser Hinsicht herrscht heute große Freiheit. Man muss nur Kraft genug haben.» Auf unsere Frage, ob es nicht ein sehr schweres Leben sei, schüttelt der Bauer den Kopf. «Wir leben, wie man in Russland lebt. Nicht gut und nicht schlecht.»

Und nach einer Pause, in der er zu seiner Frau hinüberschaut, fügt er mit einer resignierenden Geste hinzu: «Wen interessieren wir schon?»

Im Dorf Serjodka

Er hat sein Leben lang Boote gebaut. Manchmal hat er auch auf der Kolchose als Chauffeur gearbeitet oder im Wald für den staatlichen Forstbetrieb Holz gerückt. Aber meistens hat er Boote gebaut. Nicht irgendwelche, sondern die ganz besonderen, einzigartigen, die sie hier «Kishanka» nennen, nach der nur wenige Kilometer entfernten, berühmten Nachbarinsel. Es sind die typischen Boote des Onega-Sees, aus schwerem Holz, mit einem hochgeschwungenen Bug. Sie werden mit langen Rudern bewegt oder dem rautenartigen Segel, das als Symbol des Onega-Sees gilt. Seit Jahrhunderten haben die Menschen mit diesen Booten die karelischen Seen befahren, hinunter bis St. Petersburg und noch weiter nach Süden oder Westen, bis in die Ostsee. Sie können bis zu zwanzig Personen transportieren, dazu Gepäck. Und sie trotzen den Stürmen mindestens genauso gut wie jeder moderne Passagierdampfer, der heute durch die karelischen Gewässer stampft. Das jedenfalls sagt Nikolaj Sudin. Wir haben den 74-Jährigen durch Zufall kennengelernt, im Dorf Serjodka, in dem er auch geboren wurde.

Es ist ein trüber Tag, seit dem Morgen regnet es in Strömen, und Maxim ist schlechter Laune. Das Wetter verdirbt jede Aussicht auf reizvolle Motive. Als höflicher Petersburger versucht er, sich nichts anmerken zu lassen. Und so bitten wir Iwan, unseren Kapitän, mit uns auf Motivsuche zu gehen, für bessere Tage. Er möge uns ein paar Stellen in der Inselwelt rund um Kishi zeigen, die er persönlich besonders liebt.

Am westlichen Ufer von Kishi geht die Fahrt Richtung Norden. Vorbei an kleinen, vom hohen Schilf fast verdeckten Kapellen und Glockentürmen, die durch den Regen nur schemenhaft auf den Hügeln zu erkennen sind. Wir passieren Angler, die, gehüllt in Kapuzen und Regenhäute, stoisch in ihren Booten sitzen, und entdecken vereinzelte kleine Schuppen, die als Bootshäuser oder Banjas dienen. Nach zwei Stunden kommt das Dorf Serjodka auf der gleichnamigen Insel in Sicht. Es erscheint uns wie aus einem karelischen Märchenbuch – ein Kirchlein, ein paar niedrige Holzhäuschen und einige größere Gebäude aus Holz, auf deren Dachböden eine breite Rampe führt. Darauf könnte bequem ein Pferdegespann eine Fuhre Heu nach oben transportieren. Am Ufer ein weit in den See ragender Anlegesteg, allerdings so flach über dem Wasser, dass die Dorfbewohner erst eine lange Leiter holen müssen, damit wir vom «Sturmvogel» hinunterklettern können. Und während wir noch mit Mühe das Kameragepäck von Deck hieven, macht neben uns eine Kishanka fest, die trotz des Regens mit vollem Segel vom See kam. Ein Wort ergibt das andere, und schnell erfahren wir, dass es Nikolaj Sudin ist, in seinem selbst gebauten Boot.

Er lädt uns ins Haus, das direkt am Ufer steht, und freut sich, seine Handwerkskunst zu demonstrieren. Auf dem Dachboden nämlich ist er gerade dabei, letzte Hand an ein neues, riesiges Boot zu legen. Ein wenig muss noch geschmirgelt und gestrichen werden. Dann, so sagt er, wird er ein paar Nachbarn holen, und sie werden das Boot gemeinsam über die Rampe hinunter in den Garten ziehen und zu Wasser lassen.

Unsere Dreharbeiten allerdings gestalten sich schwierig. Nur durch die Luke über der Rampe und ein winziges Fensterchen fällt etwas trübes Licht, ansonsten ist es auf dem riesigen Dachboden, dessen gesamte Breite das Boot einnimmt, stockdunkel. Ob es irgendwo eine Steckdose gebe, an der er eine oder zwei Lampen anschließen kön-ne, fragt Maxim. Der Bootsbauer bejaht. Allerdings gebe es keinen Strom. Der Generator, der das Dorf versorgt, arbeite nur für kurze Zeit am Abend, vorausgesetzt, es sei überhaupt genug Diesel vorhan-den. Doch dann fällt Nikolaj Sudin ein, dass er noch einen eigenen kleinen Generator im Keller hat. Er könne ja mal versuchen, ihn in Gang zu setzen. Und tatsächlich glimmt nach einiger Zeit auf dem Dachboden ein kleines Lämpchen, und unsere Gesichter hellen sich auf, in jeder Hinsicht. Doch zugleich erschüttert ein dumpfes Rum-peln und Fauchen das ganze Haus, und man kann das eigene Wort nicht mehr verstehen. Ein Interview mit Nikolaj Sudin ist bei diesem Lärm undenkbar. Aber Maxim trifft eine seiner berühmten Entschei-dungen: «Dann drehe ich eben im Dunkeln.» Kurz haben wir den Verdacht, diesmal überschätze er wohl ein wenig seine künstlerischen und technischen Fähigkeiten, aber wir hüten uns, etwas zu sagen. Als wir uns später am Abend in unserer Hütte die Filmbilder anschauen, sind sie nicht nur technisch völlig in Ordnung, sie haben sogar eine besondere Intensität und atmosphärische Dichte.

Schon sein Großvater, erzählt Nikolaj Sudin, während er fast an-dächtig die letzte Schicht Teer auf die Planken am Bug pinselt, habe solche «Kishankas» gebaut. Ein Meister sei er gewesen, berühmt in der ganzen Onega-Region. Nicht mehr als drei Tage habe er gebraucht, um ein solches Boot zu zimmern. Als sein Enkel habe er selbst, Niko-laj, es nicht zu solcher Perfektion gebracht. Er benötige, wenn er sich anstrenge, etwa zwei Wochen pro Boot. Dennoch könne er sich vor Aufträgen kaum retten. «Ohne Boot kannst du doch nirgendwohin. Ein Karelier ohne Boot, das geht doch gar nicht. Hier auf den Inseln ist es lebenswichtig.»

«Sind Sie Karelier?», frage ich etwas verunsichert.

«Oh nein», hebt Nikolaj abwehrend die Arme, in der einen Hand den Pinsel, in der anderen den Teertopf.

«Wir sind Russen! Wir leben in Karelien, haben uns aber nie für Karelier gehalten. Unsere Vorfahren sind Einwanderer aus Nowgorod, irgendwann im 12. oder 13. Jahrhundert sind sie gekommen. Und mussten hier natürlich von den Kareliern lernen, Boote zu bauen. Richtige Karelier gibt es heute kaum noch. Es hat sich doch alles vermischt.»

«Die Karelier sind ja Verwandte der Finnen», versuche ich, das Thema weiterzuspinnen, «und Finnland hat immer wieder Ansprüche auf Karelien erhoben. Was glauben Sie, ist dieses Land hier finnisches Land oder russisches Land?»

Die Antwort des Bootsbauers folgt ohne Zögern, fast beiläufig, wie eine Selbstverständlichkeit. «Das ist russisches Land. Hier hat es nie Finnen gegeben. Nur im Zweiten Weltkrieg, da sind sie über uns gekommen, als Besatzer. Aber das Land ist unser Land, russisches.»

Die Lebensgeschichte Nikolaj Sudins und seiner Familie ist typisch für das Schicksal vieler Bewohner Russisch-Kareliens. Sein Vater hatte vier Brüder. Der älteste wurde im Terrorjahr 1937 von der sowjetischen Geheimpolizei NKWD abgeholt und erschossen. Zwei weitere Brüder kamen als Soldaten der Roten Armee im russisch-finnischen Winterkrieg 1939/40 ums Leben, als die Sowjetunion Finnland überfiel und große Teile Finnisch-Kareliens annektierte. Im Zweiten Weltkrieg besetzten finnische und deutsche Truppen fast das gesamte Russisch-Karelien, auch die Region um den Onega-See, die Insel Kishi und das Heimatdorf des Bootsbauers. «Alle Bewohner unseres Dorfes wurden abtransportiert, in ein Lager, ein finnisches KZ in der Nähe von Petrosawodsk. Das war 1942, im Winter. Auch meine Mutter und ich. Die Männer waren ja alle im Krieg. Ich war damals neun Jahre alt. Die Finnen haben uns nicht schlecht behandelt. Aber zwei Jahre mussten wir im Lager bleiben. Erst 1944 wurden wir von der Sowjetarmee befreit und konnten zurück in unserer Dorf.»

«Und wie denken Sie heute über die Finnen?»

Nikolaj Sudin lacht. «Meine Frau ist Finnin. Was soll man machen? Seit mehr als fünfzig Jahren bin ich mit ihr verheiratet. Die Völker haben sich nun mal vermischt. Nach dem Krieg waren wir doch alle nur froh, dass wir überlebt haben. Alles andere spielte keine Rolle. Auch die Nationalität nicht.»

Irina, die resolute und temperamentvolle Frau des Bootsbauers, der wir später in der Küche von unserem Gespräch berichten, besteht auf einer Klarstellung. Eigentlich sei sie keine Finnin, sondern eine Ingermanin – Angehörige einer, allerdings mit den Finnen verwandten, Minderheit, die seit dem 8. Jahrhundert im Raum um St. Petersburg und am südlichen Rand Kareliens siedelte. Während des Zweiten Weltkriegs wurden die Ingermanländer, wie die Angehörigen vieler anderer Minderheiten in der Sowjetunion, als «Angehörige einer feindlichen Nation» auf Befehl Stalins nach Sibirien deportiert, auch Irina und ihre Familie. Irina überlebte die Lager und wurde später sogar sowjetische Meisterin im Speerwurf. Heimisch fühlt sie sich aber weder in Russland noch in Finnland. «Für die Russen bin ich eine Finnin und für die Finnen eine Russin. Aber was soll's.» Dann lacht sie, holt aus einer Ecke in der Küche eine alte Ziehharmonika und spielt ein russisches Scherzlied.

Erbe des GULAG: der Weißmeer-Kanal

Freunde in St. Petersburg hatten uns gewarnt: «In Karelien werdet ihr unendlich viel Wald sehen, unendlich viele Seen. Und unendlich viele Kreuze.» Sie sollten recht behalten. Schon in den ersten Tagen unserer Drehreise sind wir an unzähligen Kreuzen vorbeigekommen; manchmal stehen sie vereinzelt irgendwo im Zentrum oder am Rande von Ortschaften, zuweilen tauchen sie unvermittelt aus der Landschaft auf. In großen Gruppen sind sie versteckt irgendwo in den Wäldern zu finden, an den Ufern von Seen und Flüssen. Es sind keine Friedhöfe für Menschen, die eines natürlichen Todes starben, sondern Gedenkstätten für Ermordete, Gefallene, Verhungerte, Erfrorene ...

«Kreuze in Karelien» lautet der Titel eines Buches des finnischen Autors Väinö Linna, das den Toten der finnisch-russischen Kämpfe im Zweiten Weltkrieg gewidmet ist und die Leser weit über Finnland hinaus erschüttert hat. Doch die Gräber der gewaltsam zu Tode gekommenen Menschen, an denen wir vorbeikommen, erzählen nicht nur von den Toten des Zweiten Weltkriegs, sondern auch denen des Stalin-Terrors in Karelien, den deutschen Kriegsgefangenen und verschleppten Zivilisten, die in den Lagern zwischen der Ostsee und dem Weißen Meer, zwischen St. Petersburg und dem Polarkreis ihr Leben ließen. Das Kreuz ist zum Symbol der Tragödie Kareliens geworden.

Wir haben unser Schiff, den «Sturmvogel», verlassen und sind auf einen Kleinbus umgestiegen. Er soll uns weiter nach Norden bringen, dorthin, wo der Onega-See endet und der ebenso legendäre wie berüchtigte Weißmeer-Kanal beginnt. Er verbindet die Ostsee mit dem Weißen Meer und trug früher den Namen «Stalin-Kanal». Unterwegs dorthin biegen wir bei dem Dorf Sandormoch von der Hauptstraße ab, in einen Wald, der als einer der grauenvollsten Orte in der Geschichte Kareliens gilt.

Hier liegen, in Massengräbern unter einer dünnen Sandschicht, etwa zehntausend Opfer des Stalin'schen Massenterrors, GULAG-Häftlinge, politische Gefangene aus Lagern in allen Teilen Kareliens, erschossen von der NKWD zwischen August 1937 und Dezember 1938. Allein in einer Woche Ende Oktober 1937, so besagen es die NKWD-Akten, wurden hier 1111 Häftlinge aus dem Lager Solowki, einer Inselgruppe im Weißen Meer, umgebracht. Menschen aus 62

Nationen wurden im Wald von Sandormoch verscharrt. Doch entdeckt wurden sie erst nach der Perestrojka, im Jahr 1996 – von der russischen Menschenrechtsorganisation «Memorial». Bis dahin galt das Schicksal der hier Ermordeten für die sowjetischen Behörden offiziell als «ungeklärt».

Einer Fahrt durch den Weißmeer-Kanal, so hat uns Igor, unser Producer, erklärt, stehen zwei nur schwer überwindbare Hürden im Weg. Zum einen braucht man wie zu Sowjetzeiten einen «Propusk». Ohne diese Sondergenehmigung, eine Art offizieller Passierschein, darf niemand diesen Kanal befahren, vor allem kein Ausländer. Selbst im Zeitalter der Satelliten, die aus dem Weltall ohne Mühe jedes Autonummernschild an jedem Punkt der Erde identifizieren können, scheint in Russland die traditionelle Spionagehysterie ungebrochen. Zuständig für den «Propusk» ist die staatliche Verwaltung des Kanals, die aber in diesem Fall nur ausführendes Organ des FSB ist, der Nachfolgeorganisation von KGB und NKWD. Doch Igor hat im Laufe seines Berufslebens genügend Erfahrungen gesammelt im Kampf um Drehgenehmigungen vom FSB und ist auch diesmal optimistisch. Im Gegensatz zu früheren Zeiten verhandelt er die Angelegenheit jetzt sogar ohne kleine «Aufmerksamkeiten» direkt mit dem lokalen FSB-Chef. Den «Zeitlich begrenzten Propusk für das Passieren des Ostsee-Weißmeer-Kanals», auf weißem Pappkarton mit vielen Stempeln, werde ich rahmen lassen. Für die russischen Kollegen ist er ohne besonderen Sammlerwert. Sie besitzen vergleichbare «Dokumente» bereits im Übermaß.

Die zweite Hürde, die Igor zu meistern hat, scheint etwas weniger schwierig, erweist sich aber als fast unüberwindlich – ein Schiff zu finden, das uns an Bord nimmt für die Fahrt durch den Kanal. Iwan, unser Kapitän des «Sturmvogels», hat nur eine Lizenz für den Onega-See, muss also kehrtmachen. Unsere Vorstellung, man könne einfach einen Passagierdampfer oder Frachter besteigen, dessen Reise durch den Weißmeer-Kanal geht, ist naiv. Während zu Sowjetzeiten nämlich bis zu fünfzig Schiffe täglich den einstigen «Stalin-Kanal» passierten, sind es heute «nur noch zwei oder eins oder gar keins», wie uns der Chef der Kanalverwaltung bekümmert erklärt. Der Niedergang der Wirtschaft im Hohen Norden Russlands, die Konkurrenz durch Straße und Schiene – es gebe viele Gründe ... Nach mehreren Telefonaten und Nachforschungen im Ort Medweschegorsk, wo die Kanalverwaltung ihren Sitz hat, kommt Igor eine Idee. Er hat gehört, dass es in der Siedlung an der Einfahrt zum Kanal einen «Klub der jungen Seeleute» gibt, der einen eigenen, abgewrackten Kahn besitzt – er sei möglicherweise noch fahrtüchtig, vorausgesetzt, der Klub habe das Geld für Treibstoff. Doch daran, beschließen wir, soll es nicht scheitern.

Das Boot der «jungen Seeleute» erweist sich wie erwartet als ein fast durchgerosteter kleiner Schlepper mit eingeschlagenen Scheiben im Ruderhäuschen, ohne Radar, Echolot, Rettungsringe, ohne Funkanlage, ohne Klo. Aber der Kapitän, ein Seemann, der später Lehrer wurde und heute den «Klub der jungen Seeleute» leitet, ist ausgesprochen freundlich und jedem Wunsch, jeder Frage gegenüber aufgeschlossen.

Er wuchs am Weißmeer-Kanal auf, kennt ihn wie seinen Vorgarten, sagt er. Und er hat noch die Überlebenden der Lager kennengelernt, die diesen Kanal auf persönlichen Befehl Stalins als Sklavenarbeiter gebaut haben. Wie viele Tote der Bau des Kanals gekostet hat, weiß niemand genau. Vorsichtige Schätzungen gehen davon aus, dass von den mehr als 130 000 Männern und Frauen, die den Kanal mit bloßen Händen, Hammer und Meißel in die Felsen und den gefrorenen Sand des russischen Nordens graben mussten, mindestens 30 000 umkamen.

Doch an die Opfer, die der Bau des von Stalin geforderten «sozialistischen Jahrhundertwerks» mit dem Leben bezahlt haben, gibt es entlang des Kanals heute kaum eine Erinnerung. Nur ein schlichtes Kreuz an der Einfahrt vom Onega-See in die erste Kanalschleuse ist zu ihrem Gedenken errichtet. Ansonsten sind die Ufer, an denen sich einst Lagerbaracke an Lagerbaracke reihte, fast überall mit jungem

Wald bepflanzt. Dazwischen hat man Gärten angelegt und Datschen gebaut. Die Schrecken der Vergangenheit sollten dem Vergessen anheimfallen. So wollte es die Sowjetmacht.

Igor Markowin, unser Kapitän, ist häufig auf dem Kanal unterwegs. «Vielleicht musste dieser Kanal gebaut werden», sagt er. «Aber nicht zu diesem Preis. Stellen Sie sich vor – nur mit Hammer und Meißel ein Kanalbett in den Fels zu hauen, auch bei vierzig Grad unter null! Ich weiß nicht, welch anderes Volk so etwas aushalten kann und dennoch überlebt. Wie viele Menschen, wie viel Schweiß, wie viel Blut ... Erfüllst du die Arbeitsnorm nicht, bekommst du kein Essen und verhungerst. Wenn Beton gegossen wurde und die Menschen fielen vor Schwäche um, floss der Beton über ihre Köpfe, ihre Körper. Hier unter uns liegen sie heute noch. Dieser Kanal ist auf Knochen gebaut.»

Immer wieder macht Igor Markowin lange Pausen, starrt über den Bug hinweg ins Wasser. Auch heute, nach so vielen Jahren, wühle ihn jede Fahrt durch den Kanal auf, sagt er, würden die Geschichten, die ihm die Überlebenden erzählt haben, wieder vor seinen Augen erscheinen.

«Es waren KZs. Nur dass man die Menschen hier nicht verbrannte, sondern durch Arbeit, Frost und Hunger umbrachte.»

Als wir das Schiff verlassen und wieder in unseren Kleinbus steigen, sind alle im Team schweigsam. Und anders als sonst schauen wir uns an diesem Abend nicht mehr das Filmmaterial an, das wir tagsüber gedreht haben.

Am Ufer des Weißen Meeres: Belomorsk

«Belomorsk kannst du vergessen.» Mit diesem knappen Kommentar packt Maxim seine Kamera ein und drängt darauf, endlich weiterzureisen. Zwei Tage haben wir in dieser tristen Siedlung an der Mündung

des «Stalin-Kanals» ins Weiße Meer verbracht und außer herunterge-
kommenen Plattenbauten und einigen windschiefen Holzhäuschen
kaum etwas entdecken können, was uns wert schien, gefilmt zu werden. Die «Stadt», wie sich der Ort, der knapp zehntausend Einwohner
zählt, stolz nennt, wurde 1938 gegründet und – wie unzählige andere
Siedlungen und Städte der Stalinzeit – von Häftlingen gebaut. Für
die Arbeiter und Angestellten der Kanalverwaltung und als Knoten-
punkt der Eisenbahn von Leningrad nach Murmansk. Zuvor stand
hier eine Holzfällersiedlung. Heute gibt es am Kanal nur noch wenig
zu tun, und auch sonst ist die Arbeit knapp. Die Jugend verlässt in
Scharen die Region, und viele Ältere sehnen sich nach der Zeit, als
jeder sein geregeltes Einkommen hatte und sich sozial abgesichert
fühlte. Die Sowjetmacht hat hier noch immer viele Anhänger.

Der Grund, warum wir in Belomorsk Station gemacht haben, liegt
einige Kilometer westlich des Ortes – ein Felsplateau mitten in der
Wildnis der Taiga, umgeben von Sümpfen. Der Weg dahin ist be-
schwerlich; er führt durch dichtes Unterholz und über steile Hügel,
und obwohl wir fast am Polarkreis sind, brennt die Sommersonne,
zeigt das Thermometer mehr als dreißig Grad. Mit unserer schweren Kameraausrüstung, dem Stativ, dem Tongerät und sonstigem
Gepäck «alles andere als ein Vergnügen», wie Andrej lakonisch feststellt. Er trägt als Jüngster im Team – buchstäblich – die Haupt-
last.

Doch die Mühe wird belohnt. Auf dem in sanften Wölbungen aus
dem Taigaboden ragenden Felsplateau, das von feinen Wasserrinnen
durchzogen ist, erwarten uns einzigartige Zeugnisse der Kulturgeschichte – Steinzeichnungen, Petroglyphen, wie sie in der Sprache der
Fachleute heißen, deren Alter auf etwa sechstausend Jahre geschätzt
wird. Mit scharfen Gegenständen in den Fels geritzt und gehauen,
zeigen sie Jagdszenen, tanzende Schamanen, Boote und verschiedene
abstrakte Zeichen, deren Bedeutung bis heute nicht endgültig enträt-
selt ist. Eine der Zeichnungen zeigt den wohl ersten Skifahrer der
Kunstgeschichte – einen Steinzeitjäger mit Pfeil und Bogen bei der

Jagd auf einen Elch. Deutlich erkennbar: die Skibretter und ihre Spuren im Schnee.

Irina Sobolewa ist die Leiterin des Heimatmuseums von Belomorsk und «Hüterin der Petroglyphen», wie sie ihre Mitarbeiter nennen. «Für mich als Bewohnerin der Weißmeer-Region haben diese Zeichnungen eine große Bedeutung. Wir erfahren nicht nur, wie die Menschen zu frühen Zeiten hier am Ufer des Weißen Meeres gelebt haben, wie sie Meerestiere und Tiere des Waldes gejagt haben. Sie beweisen vielmehr, dass schon vor sechstausend Jahren Menschen hier oben im Norden, in dieser wohl unwirtlichsten Region Europas, siedelten und eine eigenständige Kultur entwickelten. Die Bilder wurden nicht nur aus ästhetischen Gründen, aus einem puren Gefühl für das Schöne, in den Fels gehauen. Vielmehr scheint es, als sei dieses Felsplateau eine heilige Stätte gewesen, eine Kultstätte für die Jäger, ein Ort, an dem man die Geister anrief oder den Göttern opferte. Manche der Bilder zeigen geradezu orgiastische Szenen. Auch wenn wir noch nicht alles entschlüsselt haben – wir sind stolz darauf, in einer Region zu leben, die über so großartige Zeugnisse der Kulturgeschichte verfügt, ein so bemerkenswertes Denkmal der ersten Menschen.»

Was aus den Schöpfern der Steinzeichnungen geworden ist, weiß man bis heute nicht. Irgendwann sind sie aus der Region um Belomorsk verschwunden, wohin, ist unbekannt. In der Geschichtsschreibung taucht der Ort jedenfalls erst wieder im 20. Jahrhundert auf.

Ganz anders der Nachbarort Kem, etwa fünfzig Kilometer nördlich von Belomorsk, ebenfalls an der Küste des Weißen Meeres gelegen. Er gilt als eine der ältesten Städte Kareliens, gegründet 1785; doch erste Spuren menschlicher Besiedlung reichen bis ins Mesolithikum, die mittlere Steinzeit, zurück. Später, im 9. und 10. Jahrhundert n. Chr., tummelten sich hier, an der Mündung des gleichnamigen Flusses in das Weiße Meer, die Wikinger. Im 14. Jahrhundert tauchten, wie auch anderswo am Weißen Meer, die ersten russischen Mönche und Siedler auf. Schiffbau, Fischerei und Holzwirtschaft machten Kem bald zu einem wohlhabenden Handelsplatz.

Traurige Berühmtheit allerdings erlangte der Ort zu Sowjetzeiten. Hier befand sich die Verwaltung der berüchtigten Straf- und Arbeitslager auf den Solowki-Inseln, knapp hundert Kilometer östlich von Kem im Weißen Meer. Von Kem aus gingen die Häftlingstransporte auf den «Archipel des Schreckens», für unzählige Häftlinge eine Reise ohne Wiederkehr. Schon auf der Überfahrt nach Solowki kamen viele der Gefangenen ums Leben – die offenen Barken, auf denen eintausend und mehr Menschen zusammengepfercht waren, sanken entweder in den Stürmen des Weißen Meeres oder bei Kollisionen mit schwimmenden Eisbrocken.

Das im stalinistischen Stil errichtete Gebäude aus Stein, in dem die NKWD-Lagerleitung in Kem ihren Sitz hatte, ist noch erhalten. Heute ist darin eine öffentliche Kantine untergebracht, das einzige Restaurant der Stadt. Als wir es besuchen, feiert dort gerade eine Trauergemeinde. Am Ufer des Weißen Meeres, wo einst die Barken mit den Häftlingen ablegten, hat noch eine alte Lagerbaracke die Zeit überstanden. Und auf einer Düne hoch über dem Meer ragt ein großes orthodoxes Kreuz in den Himmel, unlängst errichtet zum Gedenken an die Opfer der Stalinzeit. Eine Inschrift sucht man vergebens.

Nur wenige Meter entfernt entdecken wir ein kleineres Kreuz ohne den typischen russisch-orthodoxen schrägen Querbalken, dafür mit einer rechteckigen Holztafel. Bei näherem Hinsehen entpuppt sie sich als eine alte Zellentür. An dieser Stelle befand sich ein Lager für deutsche Kriegsgefangene des Zweiten Weltkriegs. Eingeritzt in die Zellentür, in kyrillischen Buchstaben – die Namen der deutschen Gefangenen, die hier ums Leben kamen. Ein russisch-orthodoxer Priester aus Kem hat es 1994 errichtet, mit Hilfe von Freunden in Deutschland. Gut, sagt Igor, als wir alles gefilmt haben, dass wenigstens hier die Opfer Namen haben ...

«Eine Mahnung für die Zivilisation»

Nach einem halben Jahr Unterbrechung wieder in Karelien. Wir wollen auch zeigen, wie das Land in jener Jahreszeit aussieht, die hier die längste ist – im Winter. Bis zu neun Monate kann er andauern. Der Winter prägt die Landschaft und das Leben der Menschen hier stärker als jede andere Zeit des Jahres.

Unser erstes Ziel sind die Solowki-Inseln, jener von Stürmen umtoste Archipel im Weißen Meer, dessen Kloster zu den berühmtesten im Riesenreich Russland zählt – und den berüchtigtsten. Nur kurze Zeit im Sommer ist Solowki mit dem Schiff problemlos zu erreichen. Erst im Juni beginnt die «Navigation» auf dem Weißen Meer, wie der Dampferverkehr auf Russisch heißt. Noch im Mai können kilometerlange schwimmende Eisfelder das Weiße Meer unpassierbar machen, und schon im September toben zuweilen so heftige Herbststürme, dass kein Kapitän mehr die Fahrt nach Solowki wagt.

Im Winter gibt es nur eine einzige Verbindung vom Festland nach Solowki – von der alten Hafenstadt Archangelsk mit dem Flugzeug, einmal oder zweimal die Woche. Doch als wir in Archangelsk eintreffen, stellen wir fest, dass wir uns nicht einmal hierauf verlassen können. Schlechtes Wetter, Defekte am Flugzeug, fehlende Ersatzteile und tausend andere Gründe, so sagt uns ein mit Igor befreundeter Pilot, können dazu führen, dass manchmal wochenlang kein Flug nach Solowki geht.

Wir haben Glück. Mit nur einem Tag Verspätung startet unser Flieger von der verschneiten Rollbahn in Archangelsk. Es ist eine etwa vierzig Jahre alte zweimotorige Propellermaschine, eine Antonow 24, deren Schweißnähte und Nieten so verrostet sind, dass einem angst und bange werden könnte. Wäre man das erste Mal mit einem solchen Fluggerät unterwegs …

Aus der dichten Wolkendecke, durch die unsere Antonow rumpelt wie ein Traktor, ist nur gelegentlich ein kleines Stück des Weißen Meeres zu erblicken – zugefroren und mit Schnee bedeckt. Erst nach knapp einer Stunde wird die Sicht besser, und unter uns tauchen die ersten Inseln des Solowki-Archipels auf. Nach einer Platzrunde über die kleine Siedlung auf der Hauptinsel setzt unser Flieger auf dem «Airport» von Solowki auf – einer überraschend langen, komplett zugeschneiten Landepiste, neben der eine Holzbaracke aus dem Schnee ragt. Die Piste wurde zu Sowjetzeiten angelegt, für Militärflugzeuge.

Schon kurz vor der Landung hatten wir die mächtigen Mauern des Klosters erblickt, die dicker sein sollen als die Kremlmauern in Moskau. Und so, wie der Moskauer Kreml als Symbol für die Herrschaft über ganz Russland galt, sollte das Kloster Solowki, gegründet 1429, Vorposten und Bollwerk der Kolonisierung und Christianisierung des Hohen Nordens werden, der noch nicht im Herrschaftsbereich Moskaus lag – also Kareliens und seiner Ureinwohner. Tatsächlich entwickelte sich das Kloster schon nach kurzer Zeit zu einem der wichtigsten wirtschaftlichen, politischen, kulturellen und militärischen Zentren Kareliens.

Zugleich wurde es das erste politische Gefängnis Russlands. Schon seit dem 16. Jahrhundert verbannten die Zaren ihre tatsächlichen oder vermeintlichen politischen Gegner, Dissidenten, Sektierer und sonstige Unbequeme, hinter die mächtigen Mauern dieses Klosters – Männer, Frauen und sogar Kinder. Die Aufsicht über die Häftlinge führten die Mönche, die ihre «Schutzbefohlenen» auch als Sklavenarbeiter einsetzten. Im Jahr 1923 verjagten oder ermordeten die Bolschewiki die meisten der Mönche und verwandelten das Kloster in das erste Straflager der Sowjetunion – die Keimzelle des gesamten GULAG-Systems.

Jurij Brodski ist Fotograf in Moskau und beschäftigt sich seit fast vier Jahrzehnten mit der Geschichte von Solowki. Er sammelt historisches Material, durchstöbert die Archive und fotografiert die wenigen noch sichtbaren Spuren der schrecklichen Vergangenheit auf diesem «von Gott vergessenen Archipel» im Weißen Meer. Gegen den Widerstand der Behörden und der russisch-orthodoxen Kirche, die nach

1990 Teile des Klosters zurückerhielt, hat er in einem der Nebengebäude ein kleines Museum eingerichtet, das die Geschichte Solowkis unter der Sowjetherrschaft dokumentiert – das erste GULAG-Museum Russlands, wie er es stolz nennt. Am Eingang hängt die Tafel, die die Bolschewiki über das Lagertor von Solowki genagelt hatten: «Mit eiserner Hand jagen wir die Menschheit zu ihrem Glück.»

Jurij Brodski begleitet uns bei den Dreharbeiten, zeigt uns all die Orte der Leiden, der Folter, der Hinrichtungen. «Zwangsarbeit», so Brodski, «gab es schon vor der Sowjetzeit auf Solowki. Aber unter den Bolschewiki wurde die Arbeit zugleich als Mittel der Demütigung, der Erniedrigung, der Zerstörung der Persönlichkeit eingesetzt. Mit bloßen Händen mussten die Häftlinge Wasser aus einem Eisloch in das andere füllen, einen und denselben schweren Stein oder Holzbalken sinnlos hin und her tragen. Und wer es nicht schaffte, nicht durchhielt, bekam kein Essen. ‹Umerziehung zum neuen Menschen› war das Ziel des auf Solowki erstmals praktizierten ‹Lagermodells›.» Nach dem Vorbild von Solowki, erzählt Brodski, hat sich das ganze GULAG-System mit großer Geschwindigkeit «krebsartig» über das riesige Territorium der Sowjetunion ausgebreitet. «Solowki ist ein Beispiel dafür, wozu eine totalitäre Macht führen kann. Und nicht nur in Russland. Solowki war die Vorstufe der langen Reihe von Lagern, die später bei Auschwitz und Buchenwald endete. Eine Mahnung für unsere gesamte Zivilisation.»

Seit Anfang der neunziger Jahre des vergangenen Jahrhunderts sind die Hauptkirche und ein Teil der Nebengebäude restauriert, und im Kloster werden wieder regelmäßig Gottesdienste abgehalten. Doch die Mönche erheben Anspruch auf Rückgabe der gesamten Klosteranlage. Sie fordern auch den Seitenflügel, in dem das von Jurij Brodski initiierte GULAG-Museum untergebracht ist. Um die Gebäude, die noch nicht wieder im Kirchenbesitz sind, ist ein zäher Kampf zwischen der zivilen Verwaltung von Solowki und den Mönchen entbrannt. Doch in einem Punkt sind sich beide Seiten einig: Das Museum von Jurij Brodski muss weg. Es soll durch eine «wissenschaftlich fundierte Ausstellung» ersetzt werden. Wie sie aussehen wird, glaubt Jurij Brodski schon zu wissen: «Wie sie bereits jetzt die Archive wieder verschließen, werden sie auch alles tun, um die schreckliche Vergangenheit von Solowki nicht ganz so schrecklich erscheinen zu lassen. Daran sind die staatlichen Behörden ebenso interessiert wie die Kirche. Die Zeit der Aufklärung ist in Russland schon wieder vorbei.»

Auch die meisten Bewohner der kleinen Siedlung rund um das Kloster wollen von der Vergangenheit nichts mehr wissen oder nicht darüber reden. Nur ein junger Mann, ein Elektriker, der auf Solowki geboren wurde, sagt uns in die Kamera: «Alle wissen, was war. Und alle schweigen. Dabei werden doch fast jeden Tag noch die Knochen der Opfer gefunden. Bei jedem Spatenstich.»

Rentierhirten am Polarkreis

«Wie gut, dass es sowjetische Technik ist. Mit moderner westlicher hätten wir jetzt ein Problem.» Es ist dreiunddreißig Grad unter null, der eisige Wind schneidet wie mit Rasierklingen ins Gesicht. In Minutenschnelle senkt sich die Dämmerung über die unendliche Weite der Tundra. Wir sind mitten auf dem Eis des riesigen Lowosero-Sees, etwa zweihundert Kilometer nördlich des Polarkreises, in der Gegend von Murmansk. Der Motorschlitten, der uns zu einer Rentierherde bringen soll, hat seinen Dienst versagt. Erst lief er immer unruhiger, dann fing er an zu stottern, schließlich blubberte er noch kurz und verstummte. Die plötzliche totale Stille in der Einsamkeit des Hohen Nordens wirkt auf uns faszinierend und bedrohlich zugleich. Doch Jurij, der junge Schlittenfahrer in dicker Pelzmütze und hüfthohen Stiefeln aus drei Lagen Rentierfell, bleibt gelassen. Mit nackten Händen, einem Stück Draht und einem riesigen Taschenmesser hantiert er an der Benzinpumpe seines «Buran», zu Deutsch «Schneesturm». Und nach etwa einer halben Stunde beginnt der mindestens dreißig Jahre alte Klassiker der sowjetischen Motorschlitten wieder zu tuckern. Doch da es inzwischen stockdunkel geworden ist, kehren wir um. An Jurijs «Buran» hängt ein Schlitten mit unserem Kameragepäck, dahinter eine offene Holzkiste auf Kufen, in der sonst Rentierfleisch transportiert wird. Darin kauern wir.

Als wir nach zwei Stunden wieder die Siedlung Lowosero erreichen, kommen uns Männer mit Taschenlampen entgegen, aufgeregt durcheinanderredend. Einer von ihnen, etwa sechzig Jahre alt, war mit seinem Freund auf dem See zum Eisfischen. Plötzlich, so erzählt der Alte, sei sein Freund umgefallen, habe Schaum vor dem Mund gehabt und nur noch gezuckt. Da ihr «Buran» trotz aller verzweifelten Bemühungen nicht ansprang, habe er den Freund auf eine Zeltbahn gelegt, mit einem Pelz zugedeckt und sich zu Fuß auf den Weg gemacht, Hilfe zu holen. Zusammen mit Jurij, seinem «Buran» und der Holzkiste auf Kufen machen sie sich jetzt auf, um in der Dunkelheit die Stelle zu suchen, wo der Freund liegen geblieben ist. Nach einer Stunde kommen sie zurück in die Siedlung, mit dem Gesuchten. Er ist tot. Erfroren, sagen die Männer.

Jurij ist Same wie etwa die Hälfte der rund achthundert Einwohner von Lowosero. Insgesamt, so schätzt man, leben heute noch knapp eintausend Angehörige dieser den Finnen verwandten Volksgruppe in Russisch-Karelien. Die Samen zählen zu den Ureinwohnern Kareliens – ihre einstigen Kultstätten, angelegt in den letzten Jahrhunderten vor Christus, finden sich verstreut an den Ufern des Weißen Meeres und auch auf den Solowki-Inseln. Es sind Labyrinthe aus niedrigen, kreisrunden Steinwällen mit einem Durchmesser von fünf bis dreißig Metern, im Winter allerdings unter der dicken Schneedecke des Nordens kaum auszumachen.

Wie ihre Vorfahren sind auch die meisten der in Russisch-Karelien lebenden Samen Rentierzüchter. Allerdings ziehen sie nicht mehr als Nomaden ganzjährig mit ihren Herden durch die Tundra, sondern leben in festen Siedlungen. Sie halten sich jeweils nur für einige Wochen oder Monate bei ihren Tieren auf, die selbständig ihr Futter suchen. Auch Sascha und Andrej, zu denen uns Jurij am nächsten Tag über das Eis des Lowosero-Sees führt, haben ihren festen Wohnsitz in der Siedlung und pendeln mit einem «Buran» oder ihrem Geländewagen zwischen Heim und Herde. Allerdings, so sagen sie, fühlen sie sich im Tschum, dem traditionellen Zelt der Rentierhirten, nicht minder wohl als in den Holzhäusern ihrer Siedlung. Auch wenn es nicht mehr wie früher aus Fellen gemacht wird, sondern aus festen großen Stoffbahnen: «Wer will heute noch so viele Felle zusammennähen? Eine Riesenarbeit!»

Im Tschum herrschen trotz des offenen Feuers, über dem sich Sascha und Andrej ihre Rentier-Schaschliks braten, mindestens zehn Grad unter null, und der Wind rüttelt heftig an den Wänden und Stangen des Tschum. Nur wenige Tiere lagern um das Zelt herum, die Herde ist viele Kilometer entfernt irgendwo unterwegs in der Tundra. Morgen wollen die beiden Hirten dort nach kranken oder verletzten Rentieren suchen.

Etwa die Hälfte der Herden, erzählt Andrej, während er versonnen den Schaschlikspieß dreht, sind heute in Privatbesitz. Der andere Teil gehört Staatsbetrieben, den früheren Sowchosen. Aber die Probleme, so Andrej, dessen Herde mit rund dreihundert Tieren seiner Familie gehört, seien für alle die gleichen: die Fleischpreise, die so niedrig sind, dass man kaum davon leben kann; die Wilderei, an der «sich alle beteiligen, die Armee, die Polizei und sogar die Jagdaufsicht» – und der Klimawandel. «Das Wetter hat sich stark verändert. Der Frühling kommt jetzt viel früher. Die Rentiere zieht es früher ans Meer, wo sie kalben. Die Folge: Sie kalben immer seltener.»

Nicht nur die Sprache und die Kultur der Samen, so fürchtet Andrej, wird aussterben. «Die jungen Leute wollen sich nicht mehr in der Tundra quälen, auf dem Schnee schlafen, in unwegsamem Gelände, wo kein Motorschlitten und Geländewagen hinkommt, Tag und Nacht zu Fuß oder auf Skiern den Herden nachlaufen. Sie gehen weg in die Städte, verlernen unsere Sprache, vergessen, dass sie Samen sind.»

Auch ob es die «Gazellen der Tundra», wie sie ihre Tiere liebevoll nennen, in zehn Jahren noch geben wird, sei ungewiss. «Und wenn das Rentier verschwindet, wird es auch uns nicht mehr geben. Jedenfalls nicht mehr als Samen. Ein Same ohne Rentier ist kein Same.»

Links: Die Christi-Verklärungs-Kirche auf Kishi, erbaut 1714. Sie gilt als das berühmteste Werk der russischen Holzbaukunst. Die zweiundzwanzig silbrig glänzenden Kuppeln mit ihren Schindeln aus Espenholz wurden – wie alle Holzkirchen auf Kishi – ohne einen Nagel gefertigt.

Rechts: Das Kirchenensemble von Kishi. Links die Mariä-Schutz-Kirche, in der Mitte der Glockenturm, rechts die Christi-Verklärungs-Kirche. Wie durch ein Wunder haben die zwischen 1710 und 1770 errichteten Holzbauten alle Kriege fast unbeschadet überstanden und sind auch von Feuersbrünsten bis auf den heutigen Tag verschont geblieben.

Die Kirchen von Kishi wurden errichtet von den Bewohnern der umliegenden Dörfer. Der Legende zufolge soll der Baumeister der Christi-Verklärungs-Kirche nach Vollendung der letzten Kuppel seine Axt im Onega-See versenkt haben – mit den Worten: «So etwas wird es nie wieder geben!»

Das Holzhaus eines reichen Bauern auf Kishi. Es wurde 1876 errichtet und ist typisch für die historischen großen Bauernhäuser auf der Insel. In der Mitte die traditionelle Rampe, über die Pferdefuhrwerke direkt auf den Dachboden fahren konnten.

Die Fensterverkleidung ähnelt dem barocken Schmuck von Steinbauten in St. Petersburg. Dort arbeiteten viele Bauern und Handwerker aus der Onega-Region als Zimmerleute, Holzschnitzer und Vergolder.

Links oben: Blick vom Glockenturm auf die Inselwelt des Onega-Sees. Zu Sowjetzeiten war das Glockenläuten auch auf Kishi verboten. Die Glocken wurden heruntergerissen und vom Turm geworfen. Ihr Verbleib ist bis heute unbekannt. Seit dem Zusammenbruch der Sowjetunion 1991 werden nach dem Vorbild der verschwundenen Glocken neue gegossen.

Links unten: Der Altarraum der Mariä-Schutz-Kirche auf Kishi. Der Ikonostas ist eine 1955 vollendete Rekonstruktion der ursprünglichen Bilderwand, die seit dem 19. Jahrhundert als verschollen gilt.

Rechts: Im Jahr 1990 wurde das Kirchenensemble von Kishi, die «Perle Kareliens», zum Weltkulturerbe der UNESCO erklärt. Als christliches Bauwerk hat es einen ähnlichen Rang wie die Hagia Sophia in Konstantinopel, die Basilius-Kathedrale auf dem Roten Platz in Moskau und Notre-Dame in Paris.

Fenster eines Bauernhauses, das auf einer Nachbarinsel errichtet worden war und in den sechziger Jahren des vergangenen Jahrhunderts in die Nähe des Kirchenensembles auf Kishi gebracht wurde.

Der reichverzierte Giebel des Hauses. Die Karelier galten als Meister der Holzschnitzkunst – eine jahrhundertealte Tradition, die noch heute lebendig ist.

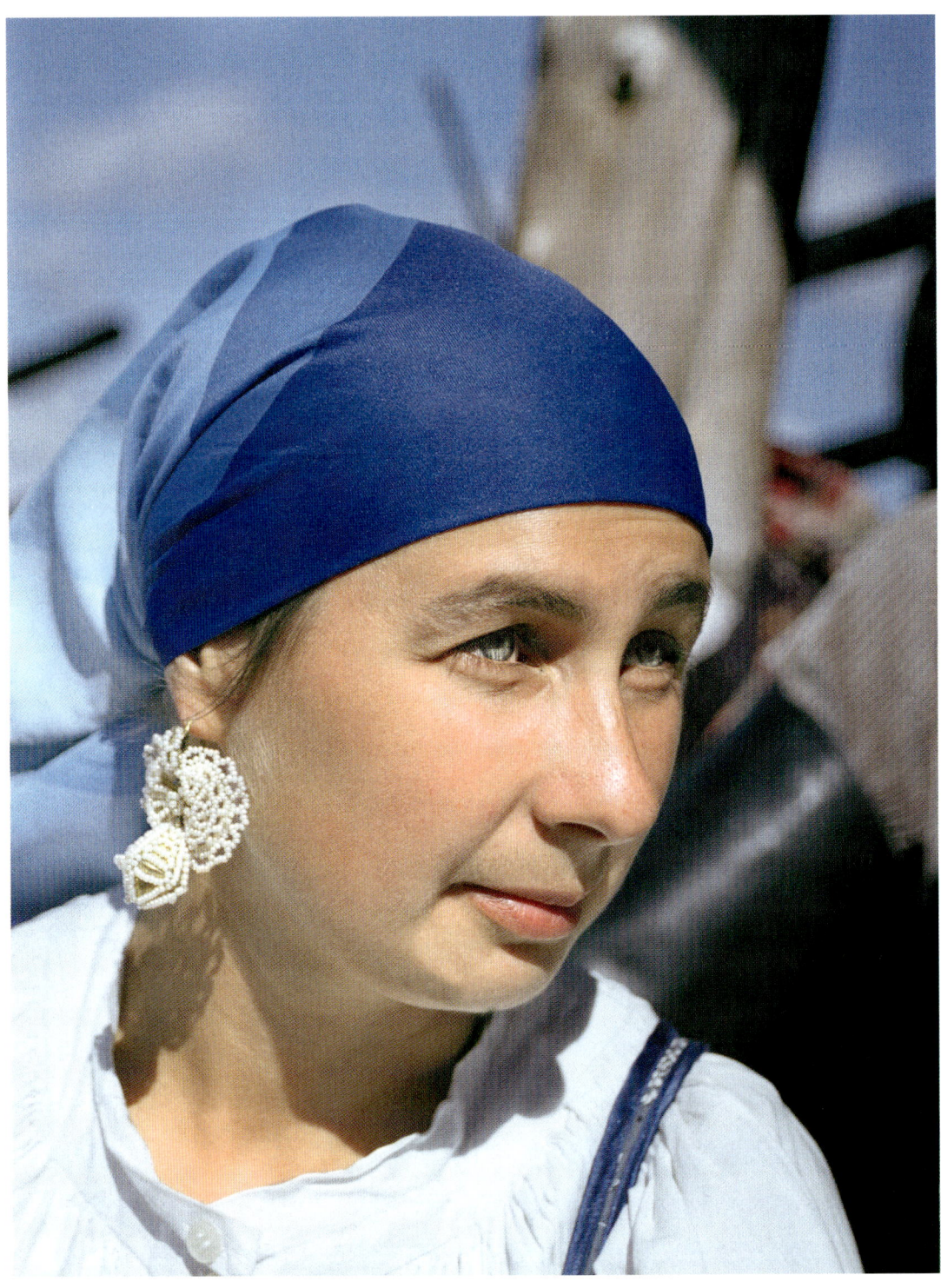

Vera unterrichtet am Konservatorium von Petrosawodsk, der Hauptstadt Russisch-Kareliens. In den Sommermonaten arbeitet sie im Folklore-Ensemble.

Anja, eine junge Sängerin des Folklore-Ensembles auf Kishi. Im Hauptberuf ist sie Lehrerin in St. Petersburg.

Das Folklore-Ensemble von Kishi besteht fast ausschließlich aus russischen Musikern und Tänzern, nur eine der Sängerinnen hat, wie sie sagt, karelische Wurzeln. Die Lieder und Tänze sind meist russischer, nur selten karelischer Herkunft. Gesungen wird auf Russisch. Das Ensemble ist gedacht als Attraktion für die Touristen, die Kishi im Sommer besuchen – etwa zwanzigtausend pro Monat.

Die Museumsinsel Kishi ist die berühmteste und zugleich eine der kleinsten Inseln im Onega-See: Ihre Länge beträgt knapp fünf, ihre Breite kaum einen Kilometer. Im Vordergrund links eines der historischen Bauernhäuser auf Kishi.

Das ARD-Team baut an der Wehrmauer von Kishi seinen Kamerakran auf. Auch die Holzkirchen von Kishi waren Wehrkirchen für die Kämpfe des russischen Nordens gegen aus-
ländische Eroberer und die katholische Missionierung. Eines der blutigsten Gemetzel, so
wird berichtet, soll Anfang des 17. Jahrhunderts beim Kampf gegen polnisch-litauische
Eindringlinge in der Christi-Verklärungs-Kirche stattgefunden haben.

Blick über den Friedhof von Kishi auf den Onega-See. Hier sind russisch-orthodoxe Priester begraben, die in den Kirchen auf Kishi Dienst taten.

Eine einsame Windmühle auf Kishi. Im Vordergrund ein verstepptes Feld, auf dem im Sommer mannshoch Gras und Disteln wachsen.

Die letzten Bauern von Kishi.

Links: Einst gab es auf Kishi neun Dörfer. Heute sind sie ausgestorben, die Felder liegen brach. Die Kolchose hat Pleite gemacht, die Landarbeiter sind in die Städte gezogen. Das Ehepaar besitzt eine Kuh und ein Pferd, das Heu ernten sie auf herrenlosen Wiesen. «Wir leben, wie man in Russland lebt», sagen sie. «Nicht gut und nicht schlecht. Wen interessieren wir schon?»

Rechts oben: Der Reichtum des Onega-Sees – Fische. Allerdings sind auch hier die Fischbestände durch Raubfischerei und Umweltverschmutzung zurückgegangen. «Aber im Notfall», sagen die Menschen am See, «ernährt uns der Fisch immer noch.»

Rechts unten: Dorf am Onega-See. Die kleinen Hütten am Ufer sind Banjas, die traditionellen Badehäuschen der russischen Bauern.

Links: Maxim Tarasjugin, mein Kameramann aus St. Petersburg. Gemeinsam haben
wir Filme über Ostpreußen gedreht, Winter und Sommer auf dem Baikalsee verbracht, sind
quer durch Sibirien bis zur Beringstraße gezogen und ans südliche Ende der Welt – nach
Feuerland, Patagonien und Kap Hoorn. «Wir sind wie Zwillingsbrüder», sagt Maxim.
Und er hat recht.

Rechts: Gabi Mühlenbrock bei der Arbeit. Als Fotografin hat sie schon unsere Drehreisen
durch Patagonien, Feuerland und Alaska begleitet.

Das Kirchenensemble auf Kishi, vom Süden gesehen. Im Vordergrund die Lazarus-Kirche, errichtet um 1390. Sie stand ursprünglich am Ostufer des benachbarten Ladoga-Sees und gilt als älteste erhaltene Holzkirche Russlands. Der tintenblaue Himmel ist keine Fotomontage.

Kinder aus einem Dorf auf Kishi. Während der Schulzeit leben sie in einem Internat in Petrosawodsk, eine Schule gibt es auf Kishi nicht mehr – auch nicht auf den umliegenden Inseln.

Links oben: Ein verträumtes Anwesen zwischen Schilf und karelischen Birken auf einer Insel im Onega-See. Die Hütte im Vordergrund – wie immer die Banja.

Links unten: Das südliche Ufer von Kishi. Dort, wo jetzt Bäume stehen, waren einst fruchtbare Felder. Seit Stalin im Zuge der «Entkulakisierung» auch den Bauernstand in Karelien vernichtete und die Misswirtschaft der Kolchosen die Felder ruinierte, ist hier – wie zu Urzeiten – wieder dichter Wald gewachsen.

Rechts: Iwan, unser Kapitän auf dem Onega-See. Schon sein Vater und Großvater, erzählt er, waren Kapitäne auf diesem See. Bei der russischen Kriegsmarine hat er als U-Boot-Fahrer gedient – und ist, wie er sagt, vor Sehnsucht nach dem Onega fast vergangen. Der See habe eine magische Anziehungskraft. Er nennt ihn «Väterchen».

Links: Der Onega-See vor dem Sturm. Das Wort «Onega» bedeutet im Karelischen «rauschendes Gewässer» – vermutlich wegen des Wellenrauschens während der heftigen Herbst- und Frühjahrsstürme. Die Nord-Süd-Ausdehnung des Sees beträgt 250 Kilometer, die Breite bis zu 80 Kilometer. In Europa ist nur der Ladoga-See noch größer.

Rechts: Der schmale Wasserweg zwischen zwei Inseln im Onega-See. Wer hier im Sommer an Land geht, sollte sich vor giftigen Schlangen hüten, die in manchen Jahren in großer Zahl die Inseln bevölkern. Gegen die Myriaden von Stechmücken ist man ohnehin – fast – machtlos.

Links: Bauernmarkt in Petrosawodsk. Ohne den Verkauf von Gemüse und Blumen aus den eigenen kleinen Gärten könnten die Frauen hier, so sagen sie, kaum überleben. Die kümmerliche Rente reiche gerade mal für Tee und Brot, schon das Holz für den Winter ist für manche kaum noch erschwinglich.

Rechts: Marktfrau in Petrosawodsk. Früher fuhr aus ihrem Dorf ein Bus regelmäßig zweimal am Tag in die Hauptstadt. Jetzt kommt manchmal tagelang überhaupt kein Bus. Heute hat sie der Fahrer des Brotwagens in die Stadt mitgenommen. Wie sie am Abend zurückkommt, weiß sie noch nicht.

Links: Irgendwo in Karelien an der Autostraße St. Petersburg–Murmansk – ein privater Fisch-markt. Angeboten werden Aal, Stör, Zander, Hecht, Forelle sowie Kaviar in jeder Menge.

Rechts oben: Eine Kishanka, das traditionelle Boot der Fischer auf dem Onega-See. Charakteristisch ist die massive Bauweise, der hoch geschwungene Bug und das rauten-förmige Segel. Mehr als zwanzig Personen – mit Gepäck – finden in einer Kishanka Platz. Bevor dieses Boot kentert, kentern alle modernen Passagierdampfer auf dem Onega. Sagen die Fischer.

Rechts unten: Nikolaj Sudin, ein 74-jähriger Bootsbauer am Onega-See. Während des Zweiten Weltkriegs wurde sein Dorf von finnischen Truppen besetzt. Mit seiner Mutter kam er – wie fast alle Dorfbewohner – in ein Internierungslager, ein «finnisches KZ», wie er sagt. Seit mehr als fünfzig Jahren ist er mit einer Finnin verheiratet. «Wir waren doch damals nur froh, dass wir den Krieg überlebt hatten. Da spielte die Nationalität keine Rolle.»

Links: Das Bett des Bootsbauers – nach alter russischer Tradition auf dem Ofen, dem wärmsten Platz im Haus.

Rechts: Irina, die Frau des Bootsbauers. Geboren als Angehörige einer finnischen Minderheit in der Nähe von St. Petersburg, wurde sie im Zweiten Weltkrieg mit ihrer Familie von den Sowjets nach Sibirien deportiert. Nach dem Krieg war sie sowjetische Meisterin im Speerwurf.

Die St.-Michaels-Kapelle auf Kishi. Allein in den Dörfern dieser Insel gab es dreizehn kleine Bauwerke dieser Art. Sie dienten als Versammlungs- und Gebetshäuser. Allerdings hatten sie keinen Altar, Gottesdienste durften hier nicht abgehalten werden.

Links oben: Jugendliche in einem Dorf unweit von Petrosawodsk. Der Besitzer des Motorrollers ist der Star der Dorfjugend. Der Traum der jungen Leute: ein Arbeitsplatz in der Stadt. Im Heimatdorf bleiben will keiner von ihnen.

Links unten: Alkoholismus – auch in Karelien traditionell ein Problem.

Rechts: Traditionelle Wasserversorgung in den Dörfern Russisch-Kareliens. Fast nirgends gibt es Kanalisation und Trinkwasserleitungen – das Wasser wird aus den Seen oder Brunnen herbeigeholt.

Nur wenige Kilometer vom Nordufer des Onega-Sees entfernt, im Wald beim Dorf Sandormoch, eine Gedenkstätte für die Opfer des Stalin-Terrors. Hier wurden in den Jahren 1937/38
fast zehntausend GULAG-Häftlinge aus den Lagern Kareliens erschossen und in Massengräbern verscharrt. Erst 1996 entdeckte die russische Menschenrechtsorganisation «Memorial»
diese Gräber. Seither findet hier alljährlich im August eine offizielle Gedenkfeier statt.

Menschen aus 62 Nationen wurden in diesem Wald von der NKWD erschossen – Russen, Karelier, Ukrainer, Finnen, Polen, Deutsche … Auf dem Bild eine Gruppe polnischer Pfadfinder aus Warschau, die ihrer ermordeten Landsleute gedenkt.

Links: Eine Frau aus einem Dorf in der Nähe des Onega-Sees. «Ich war fünf Jahre alt, als sie meinen Vater abholten, wie fast alle Männer des Dorfes. Er war Bauer und angeblich gegen die Kolchosen. Erst nach der Perestrojka habe ich erfahren, was mit ihm geschehen ist, dass er hier erschossen wurde.»

Rechts: Auch im Wald von Sandormoch – eine alte russische Tradition: Picknick am Grab. Man isst und trinkt mit den Verstorbenen. «Ihr seid noch unter uns, wir haben euch nicht vergessen. Teilt mit uns Brot und Wodka.»

Links: Eine Gedenktafel für finnische Opfer im Wald von Sandormoch, errichtet von Familienangehörigen. Die Errichtung und Gestaltung der symbolischen Grabstätten ist den Hinterbliebenen überlassen.

Rechts: Die Hauptstraße der Kleinstadt Medweschegorsk, zu Deutsch «Bärenhügel». Die Blini-Bäckerei trägt den Namen «Gemütlichkeit».

Links: Die Einfahrt zum Weißmeer-Kanal (russ. Belomor-Kanal) am äußersten Nordzipfel des Onega-Sees. Der 227 Kilometer lange Kanal verbindet die Ostsee mit dem arktischen Weißen Meer und wurde 1931/33 auf persönlichen Befehl Stalins gebaut. Auch die Bauzeit inklusive der Errichtung von 19 Schleusen und 49 Dämmen sowie der Überwindung mehrerer kilometerlanger Felsmassive hatte Stalin persönlich angeordnet: 20 Monate. Nach 21 Monaten war der Kanal vollendet. Dank der Arbeit von 130 000 GULAG-Häftlingen.

Rechts oben: Bau einer Schleuse des Weißmeer-Kanals im Jahr 1932. Häftlinge, die während der Arbeit am Kanal an Hunger, Krankheiten oder durch Unfälle starben, wurden «der Einfachheit halber» nicht selten in die halbfertigen Schleusenwände geworfen und unter Sand und Steinen begraben. Mindestens dreißigtausend Häftlinge verloren beim Bau des Kanals ihr Leben.

Rechts unten: Häftlingsbaracke für weibliche Gefangene, die als Zwangsarbeiterinnen beim Bau des Weißmeer-Kanals eingesetzt wurden. Um zu einer Lagerhaft von zehn Jahren verurteilt zu werden, reichte nicht selten der Diebstahl einer Handvoll Korn für die hungernden Kinder. So ist es in erhaltenen Akten der Stalin'schen Geheimpolizei NKWD nachzulesen.

Links: Kameramann Maxim auf dem Dach des Kutters, der uns durch den «Stalin-Kanal» bringt, wie der Weißmeer-Kanal früher offiziell hieß. Die Ufer, wo die unzähligen Lagerbaracken standen, sind an vielen Stellen mit neu gepflanztem, dichtem Wald überwachsen – nichts soll mehr an die schreckliche Vergangenheit erinnern.

Rechts oben: Im Zweiten Weltkrieg verlief die Front zwischen den deutsch-finnischen Verbänden und der Roten Armee entlang des Belomor-Kanals, der teilweise zerstört wurde. Beim Wiederaufbau dieser Schleuse wurden seit Dezember 1944 auch die ersten deutschen Zwangsarbeiter aus Ostpreußen eingesetzt.

Rechts unten: Igor Markowin, unser Kapitän auf dem Weißmeer-Kanal. Er ist an seinen Ufern aufgewachsen und kannte noch Überlebende der Lager. «Der Kanal ist auf Knochen gebaut. Welches andere Volk hätte das überlebt?»

Links: Bauersfrau in einem Dorf bei Belomorsk an der Mündung des Weißmeer-Kanals.

Rechts oben: Dörflicher Plausch mit Nachbarn.

Rechts unten: Das Café «Europa» in Belomorsk, das einzige in der zehntausend Einwohner zählenden Stadt am Weißen Meer.

Links oben: Reste eines deutschen Kriegsgefangenenlagers in der Nähe von Kem am Weißen Meer, unweit des Polarkreises. Das Kreuz mit der alten Zellentür erinnert an die deutschen Kriegsgefangenen, die in diesem Lager in den Jahren 1945–1949 ums Leben kamen. Es wurde 1994 von einem russisch-orthodoxen Priester aus Kem mit Hilfe deutscher Freunde errichtet.

Links unten: In die Zellentür des ehemaligen Lagers geschnitzt sind die Namen der deutschen Gefangenen, die hier an Hunger, Krankheiten und Folgen von Kriegsverletzungen starben – allein im Jahr 1946 waren es ein Viertel der 300 Lagerinsassen. Die meisten der in kyrillischer Schrift geschriebenen Namen sind noch gut lesbar – Schubert, Korzen, Rogan …

Rechts: Die ehemalige Zentrale der Geheimpolizei NKWD in Kem (vorn rechts). Hier residierte die GULAG-Verwaltung der Lager Solowki und Kem. Es ist das einzige noch erhaltene steinerne Gebäude aus der Stalinzeit. Heute befindet sich darin eine öffentliche Kantine. Als wir sie besuchen, wird gerade eine Beerdigung gefeiert.

Eine ehemalige Lagerbaracke am Ufer des Weißen Meeres bei Kem. Von hier wurden bis 1939 die GULAG-Häftlinge in offenen Booten zu den berüchtigten Solowki-Inseln transportiert. Viele von ihnen kamen schon bei der Fahrt übers Meer ums Leben, wenn die mit tausend und mehr Gefangenen hoffnungslos überladenen, winzigen Barken im Sturm kenterten oder schwimmende Eisbrocken rammten.

Einer der unzähligen Seen in Karelien, nur wenige Kilometer vom Polarkreis entfernt.
Die Bewohner der umliegenden Dörfer nennen ihn «Spiegelsee».

Ein tanzender Schamane, Zeugnis einer uralten Kultur im Hohen Norden Russlands — am Ufer des Eismeeres. Die in Stein gehauenen Zeichnungen, Petroglyphen, sind etwa sechstausend Jahre alt und beweisen, dass schon zu dieser Zeit Menschen hier in der wohl unwirtlichsten Region Europas siedelten und eine eigenständige Kultur entwickelten.

Der erste Skifahrer der Kunstgeschichte – ein Steinzeitjäger bei der Jagd auf einen Elch.
Deutlich erkennbar die Skier und ihre Spuren im Schnee.

Links oben: Drehpause auf den Felsen mit den historischen Steinzeichnungen in der Nähe von Belomorsk. Kameramann Maxim Tarasjugin, Producer Igor Nedoresow, Toningenieur Andrej Terestschenko und der Autor.

Links unten: Landschaft in Nordkarelien – Felsen, Wasser, Sumpf, Taiga ...

Rechts: «Willkommen in Karelien» – Polizeiposten an der Grenze zur Russischen Autonomen Republik Karelien, etwa dreihundert Kilometer nordöstlich von St. Petersburg. Kontrolliert wird hier allerdings selten, die Bezeichnung «Autonome Republik» ist eher kosmetischer Natur. Was von Bedeutung ist, wird auch in Russisch-Karelien von Moskau bestimmt.

Links oben: Kameramann und Autor – irgendwo tief in den Wäldern Kareliens. Die Mücken-
hüte, deren Netze über die Krempe heruntergeklappt werden, bieten nur geringen Schutz
gegen die hartgesottenen Moskitos des Nordens. Im Zweifelsfall stechen sie einfach durch die
Kleidung.

Links unten: Dörfliche Landschaft in Ostkarelien.

Rechts: Noch ein «Spiegelsee». Die vermeintliche Klarheit der Luft und Reinheit des Wassers
darf nicht darüber hinwegtäuschen, dass auch in Karelien heute die Schadstoffemissionen
der modernen Zivilisation messbar sind – zumal in den Regionen, wo zu Sowjetzeiten große
Papierkombinate und andere Industriebetriebe in die karelischen Wälder gebaut wurden.

Kiefern – neben Fichten die häufigste Baumart in Karelien. In der karelischen Volksdichtung ist der Wald das mythische Feld des Todes.

Eine der legendären karelischen Birken. Aus ihrem rosigen, feingemaserten Holz ließen
die Zaren ihre Möbel schnitzen. Heute findet man diese wertvollen Bäume nur noch selten.
Walddiebe haben sie – trotz hoher Strafen – fast ausgerottet.

Abendstimmung am Pjaosero-See, am Rande der unlängst zum Nationalpark erklärten Region Paanajärvi im Norden Kareliens. Etwa fünf Prozent der Gesamtfläche Kareliens sind heute offiziell unter Naturschutz gestellt.

Der Wasserfall von Kivatsch, etwa fünfhundert Kilometer nordöstlich von St. Petersburg.
In russischen Reiseführern wird stolz darauf verwiesen, dass er mit elf Metern der höchste in
Europa ist – «außerhalb der Gebirgsregionen».

Links: Ein abziehendes Gewitter am Kuito-See nahe der finnischen Grenze im Norden Kareliens.

Rechts: Eine Straße wie diese – keine Seltenheit im Herzen Russisch-Kareliens. Nur eine einzige größere Trasse in der gesamten Republik wurde modern ausgebaut, mit skandinavischer Hilfe: die Überlandstraße von St. Petersburg nach Murmansk.

Winterlandschaft im Norden Kareliens. Etwa zweihundert Tage im Jahr liegt Schnee. Es gibt nur zwei Jahreszeiten, sagen die wenigen Menschen, die hier leben: drei Monate Sommer, neun Monate Winter.

Links oben: Das Kloster Solowki, eines der berühmtesten, sicher aber das berüchtigtste Kloster Russlands. Gegründet 1429 auf einer sturmumtosten Inselgruppe mitten im arktischen Weißen Meer, war es gedacht als Bollwerk der Kolonisierung und Christianisierung Nordrusslands. Schon bald entwickelte es sich zu einem der wichtigsten Zentren Kareliens – und zum ersten politischen Gefängnis Russlands. Hinter die Klostermauern, dicker als die Mauern des Moskauer Kreml, verbannten schon die Zaren seit dem 16. Jahrhundert ihre tatsächlichen oder vermeintlichen politischen Gegner, Dissidenten, Sektierer, Unbequeme – Männer, Frauen und sogar Kinder.

Links unten: Der Eingang zum Kloster. Hinter diesem Tor verbargen sich unmittelbar neben den prächtigen Kirchen die Kasematten, steinernen Nischen und unterirdischen Verliese, in denen die Gefangenen der Zaren gehalten wurden – nicht selten mit Ketten um den Hals und Eisenkugeln an den Beinen, zuweilen auch ein Leben lang angeschmiedet an die Zellenwände. Solowki, so ein russischer Chronist, war das «älteste und härteste Gefängnis im gesamten russischen Imperium».

Rechts: Die Treppe zum Wehrgang von Solowki. Wie viele Klöster des russischen Nordens war auch Solowki eine Festung – versehen nicht nur mit meterdicken Mauern, sondern auch ausgerüstet mit Kanonen. In den Jahren 1854/55 belagerte ein englischer Flottenverband mehrere Monate das Kloster – ohne Erfolg.

Links: Als die Bolschewiki 1923 das Kloster Solowki in das erste sowjetische Straflager verwandelten, wurden die Häftlinge in die Kirchen gesperrt und die Kreuze auf den Türmen durch rote Sterne ersetzt. In der Hauptkirche errichtete man im Altarraum eine Latrine und verwandelte eine der kleineren Kirchen in ein «Museum des Atheismus». Zuweilen betrug die Zahl der Häftlinge auf dem gesamten Archipel Solowki fast dreißigtausend – neben zumeist Kleinkriminellen vor allem Angehörige der alten Aristokratie, Wissenschaftler und Künstler, aber auch einfache Bauern und Arbeiter sowie Mönche. Insgesamt wurden etwa achthunderttausend Häftlinge in die Lager auf Solowki verbracht.

Rechts: Die Hasen-Insel, eine der kleineren Inseln im Westen des Solowki-Archipels, berüchtigt für ihre besonders strengen Winter und heftigen Stürme. Hier befand sich zu Sowjetzeiten ein Straflager für Frauen. Mönche haben auf dieser Insel nie gelebt – das Klima, so heißt es, war ihnen zu hart.

Die St.-Andreas-Kapelle auf der Hasen-Insel. Der Legende zufolge soll Zar Peter der Große den Grundstein zu dieser Kapelle gelegt haben. Tatsache ist, dass er im August 1702 die Hasen-Insel besuchte.

Die Reste eines Lagerzauns auf Solowki.

Links: Im Jahr 1991 wurde ein Teil des Klosters Solowki der russisch-orthodoxen Kirche zurückgegeben. Inzwischen sind die Hauptkirche und einige Nebengebäude restauriert, leben und arbeiten wieder fünfzig Mönche und etwa ebenso viele freiwillige Helfer auf dem Klostergelände. Auf die Frage nach der Rolle des Klosters als Gefängnis der Zaren antwortet Vater Sebastianus, der Sprecher der Mönche: «Es waren Freidenker und Rebellen. Sie waren hier zur Umerziehung. Viele haben bei uns ihren Seelenfrieden gefunden.»

Rechts: Igor Nedoresow, der langjährige Producer unseres ARD-Teams, vor der Kulisse des Klosters Solowki bei seinem morgendlichen Ritual. Wo immer wir drehen und welche Temperaturen auch herrschen – Igor übergießt sich mit einem Eimer eiskalten Wassers. An diesem Morgen sind es 30 Grad unter null.

In der Tundra am Polarkreis auf dem Weg zu Rentierherden. Auch das Kameragepäck wird auf Schlitten verladen.

Eine ehemalige Lagerbaracke in unmittelbarer Nähe des Klosters Solowki. Eine Tafel weist darauf hin, dass diese Baracke zum «Speziallager auf Solowki» gehörte. Heute beherbergt sie den Dorfladen.

Links: Im äußersten Norden Kareliens, in der Tundra unweit von Murmansk – Rentiere vor einem Tschum, dem traditionellen Zelt der Samen. In Russisch-Karelien leben heute noch etwa tausend Angehörige dieses karelischen Nomadenvolks. Sie sind allerdings weitgehend sesshaft, und ihre Sprache und Kultur ist vom Aussterben bedroht. «Unsere Kinder», sagen uns die Rentierhirten, «werden wohl schon vergessen, dass sie Samen sind.»

Rechts oben: Winterliches Vorratslager der Rentierhirten.

Rechts unten: Der Fotograf Jurij Brodski im Gespräch mit Klaus Bednarz. Seit fast vier Jahrzehnten dokumentiert Brodski die Spuren der dunklen Vergangenheit des Solowki-Archipels. «Solowki», sagt er, «war die Urzelle für das GULAG-System in der gesamten Sowjetunion. Eine Mahnung, wozu totalitäre Macht führen kann.»

Rentier mit Kopfschmuck nach Art der Samen. Im Gegensatz zu Sowjetzeiten sind die Herden heute meist in Privatbesitz, das Fleisch der Tiere wird nach Skandinavien verkauft, wo weit höhere Preise gezahlt werden als in Russland.

TEIL 2: **DAS GRENZLAND**

Im Dorf Scholtosero

Am besten sei es, wir kämen am 8. März, hatte Olga Kukorina am Telefon gesagt, die Dorflehrerin. Dann hätten wir die Gelegenheit, Wepsen in ihren traditionellen Trachten zu filmen und ihre viele Jahrhunderte alten Lieder zu hören. Die Wepsen sind – nach den Kareliern – die größte nationale Minderheit in Russisch-Karelien, in Herkunft und Sprache den Finnen verwandt. Im Jahr 1926 gab es bei einer Volkszählung noch etwa vierzigtausend Wepsen. Heute wird ihre Zahl offiziell mit achttausend angegeben, und nur die Hälfte von ihnen lebt noch in Karelien. Scholtosero, ein Dorf mit knapp eintausend Einwohnern am Westufer des Onega-Sees, gilt als ihr kulturelles Zentrum.

Der 8. März, den Olga Kukorina als Besuchsdatum vorgeschlagen hat, ist der «Internationale Frauentag», in Russland ein offizieller Feiertag. In Scholtosero versammelt sich traditionsgemäß der «Chor der Wepsen». Man feiert, singt, isst und trinkt – und trägt natürlich die Trachten, die nach alten wepsischen Vorbildern, vermischt mit russischen Elementen, genäht sind. Originale Zeugnisse der wepsischen Kultur gibt es nur noch wenige, einige davon sind im Dorfmuseum von Scholtosero zu besichtigen.

Zu Sowjetzeiten wurde die Kultur der Wepsen wie die vieler anderer nationaler Minderheiten systematisch vernichtet. Die Wepsen galten, gleich den Kareliern, als Separatisten und offene oder heimliche Verbündete der Finnen, ihre Russifizierung war Moskaus erklärtes Ziel. Bücher in wepsischer Sprache, selbst Lehrbücher für Geographie und Mathematik, wurden verbrannt, der Gebrauch der wepsischen Sprache geächtet. Erst seit dem Ende der Sowjetunion erlebten die wepsische Sprache und Kultur eine zarte Renaissance, und einer ihrer Pfeiler ist der Chor der Wepsen in Scholtosero.

Aus dem Haus, in dem er sich an diesem Vormittag trifft, ist schon von weitem Gesang zu hören, lautes Reden und Lachen. Es ist das

Privathaus des Akkordeonspielers, der als Ingenieur im hundert Kilometer entfernten Petrosawodsk, der Hauptstadt Russisch-Kareliens, arbeitet – ein Holzbau, nach wepsischer Tradition reich verziert mit Schnitzereien. Die wepsischen Männer gelten weit über die Grenzen Kareliens hinaus als begnadete Baumeister, ihre Holzhäuser, so heißt es, überdauern mehr als zweihundert Jahre. Das Haus, das wir betreten, ist nicht ganz so alt, aber ebenfalls höchst solide gezimmert. Im Vorgarten hat ein junger Mann in Gummistiefeln trotz der Kälte die Ärmel hochgekrempelt und brät über einem offenen Feuer mächtige Schaschlikspieße. Im Wohnzimmer biegt sich der Tisch, um den sich der Chor versammelt hat, unter dem Gewicht unzähliger Vorspeisen, Sakuski, sowie Wodkaflaschen. Es sind fast ausschließlich Frauen, die singen, nur drei Männer begleiten sie mit Gitarren und Akkordeon. Es sind mehrstimmige, zarte lyrische Lieder, die die Schönheit der karelischen Landschaft besingen und uns zutiefst bewegen. Dazwischen erklingen laute, von spitzen Schreien begleitete Spott- und Trinklieder, von denen manche russischen Ursprungs erscheinen.

Einige der Lieder werden tatsächlich in russischer Sprache gesungen, obwohl sie, wie Olga Kukorina versichert, uralte wepsische Volksweisen sind. «Aber unsere Kulturen haben sich vermischt. Wir Wepsen hatten ja ursprünglich auch keine Schriftsprache. Viele unserer Liedtexte wurden erst Anfang des vergangenen Jahrhunderts aufgeschrieben – und dann unter Stalin verbrannt. In den Archiven finden sich kaum noch alte Bücher in wepsischer Sprache.»

Olga Kukorina ist, wie sie stolz betont, eine geborene Wepsin. Sie erinnert sich noch genau an ihre Kindheit, als es «eine Schande war, ein Wepse zu sein». Ihre Eltern sprachen zu Hause, wenn sie unter sich waren, wepsisch. Aber ihre Kinder hielten sie an, nur russisch zu sprechen. Nicht nur, weil es verboten war, die Sprache ihrer Vorfahren zu benutzen, sondern «weil die Eltern wollten, dass wir es im Leben zu etwas bringen. Nicht einmal, wenn ich im Dorfladen Brot oder Milch holte, durfte ich wepsisch reden. Dabei war doch die Verkäuferin auch eine Wepsin.» Es habe ihr in «der Seele wehgetan», als sie später begriff, dass Wepsisch als Sprache vielleicht aussterben wird. «Dann würde wohl auch unser Volk aussterben.»

Der «Chor der Wepsen» besteht nur zur Hälfte aus «reinen Wepsen», wie sie sagen. Die anderen Sängerinnen sind Russen oder stammen aus gemischten Familien. Aber alle vereint die Liebe zur wepsischen Sprache und Kultur. «Schließlich leben wir hier, haben hier unsere Kinder bekommen – und müssen doch die Wurzeln der Region kennen, die jetzt unsere Heimat ist», sagt Irina, deren Familie es nach Ende des Zweiten Weltkriegs nach Karelien verschlagen hat. Trotz eines geringen Zuschusses aus dem Etat des russisch-karelischen Kulturministeriums kann der Chor kaum überleben. Es mangelt an Geld für Kostüme, Instrumente, technische Ausrüstung wie Mikrophone, Lautsprecher, Verstärker. «Wir sind ein armes Dorf», sagt die Leiterin des Chores. «Und es fehlt der Nachwuchs.» Von den rund eintausend Bewohnern, so schätzt sie, sprechen allenfalls noch zwei Dutzend wepsisch als Muttersprache. Und das sind, wie auch wir bei unseren Dreharbeiten auf den Straßen im Dorf festgestellt haben, meist ältere Menschen.

Die Hoffnungen nicht nur der Chormitglieder ruhen auf der Schule von Scholtosero und dem Kindergarten. Denn seit einigen Jahren ist Wepsisch an dieser Schule wieder Pflichtfach – drei Stunden pro Woche. Es gibt Lehrbücher der wepsischen Sprache, eine wepsische Grammatik – alle Exemplare so neu, dass man glaubt, noch die Druckerschwärze zu riechen. Und im Kindergarten, in hellen, liebevoll ausgestatteten Räumen, werden die Kleinen von Olga Kukorina und einigen anderen Kolleginnen bereits ab dem dritten Lebensjahr spielerisch an das Wepsische herangeführt. Die Kinder sind, wie wir beobachtet haben, mit Temperament und Eifer dabei. Doch es gibt auch einen Wermutstropfen für die engagierte Lehrerin: Wepsisch als Pflichtfach gilt nur bis zur siebten Klasse. Danach, bis zum russischen Abitur in Klasse elf, wird die Sprache nur noch in freiwilligen Kursen angeboten. «Und da fehlt vielen Jugendlichen natürlich die Motivation.» Allerdings, so Olga Kukorina, gebe es in Petrosawodsk inzwischen auch einen Lehrstuhl für Sprache und Kultur der Wepsen. «Dort haben schon sechs Schüler aus unserem Dorf ihr Studium erfolgreich abgeschlossen.»

Und noch ein anderes Beispiel macht Olga Kukorina Mut – ihre eigenen Kinder. Früher, so sagt sie, hätten sie sich nicht für das Wepsische interessiert. Doch nun sei die Tochter sechzehn Jahre und der Sohn zwanzig, und beide lernen die Sprache ihrer Vorfahren. Freiwillig und ohne Druck der Mutter. Bei einem Aufenthalt im benachbarten Finnland haben sie festgestellt, dass sie sich mit den Finnen auf Wepsisch verständigen können; und wie sehr dies ihre Chancen steigert, in Finnland dauerhaft Arbeit zu finden. «Jetzt bestehen sie oft darauf, dass ich mit ihnen Wepsisch rede.»

Ob denn das Wepsische als Sprache und Kultur überleben werde, fragen wir Olga, als wir uns nach drei Tagen in Scholtosero verabschieden.

«Ich weiß es nicht», sagt sie nach langem Nachdenken. «Wir sind ein sehr altes Volk. Und wenn unsere Sprache stirbt, werden wir auch als Volk verschwinden. Wir sind ein kleines Volk und haben eine sehr bittere Geschichte. Aber wir können auch stolz auf uns sein. Unser Volk ist ein gutes, ehrliches und arbeitsames Volk. Es verfügt über eine reiche Kultur – unsere Lieder, unsere Sagen, unsere Handwerkskunst. Wir müssen alles tun, damit es auch unsere Kinder begreifen. Ich hoffe einfach, dass unsere Sprache überleben wird. Und werde nicht aufhören, dafür zu kämpfen!» Dabei lächelt Olga Kukorina, und wir sind nicht sicher, ob sie wirklich optimistisch ist oder sich nur einfach Mut machen will.

Scholtosero ist die letzte Station unserer Winterreise. Im Sommer soll es weitergehen durch das Grenzland zwischen Russland und Finnland. Doch davor warten noch einige Schwierigkeiten – und Igor ist skeptisch, dass sich alle überwinden lassen.

Walaam, das «Athos des Nordens»

Einige Monate später, es ist Sommer. Igor hat ganze Arbeit geleistet. Dreimal hat er sich auf den Weg gemacht von St. Petersburg über den Ladoga-See, den größten Süßwassersee Europas. Er ist dreißigmal so groß wie der Bodensee – und die Menschen an seinen Ufern nennen ihn nur «das Meer». Igors Reiseziel: die Inselgruppe Walaam im nördlichen Teil des Sees mit dem gleichnamigen Kloster, dem «Athos des Nordens», der «geistigen Festung Russlands», wie es in alten und neuen Reiseführern heißt. Unermüdlich hat er verhandelt – mit den Mönchen, der zivilen Verwaltung der Inseln und der Naturschutzbehörde. Für eine Drehgenehmigung auf Walaam ist nämlich die Zustimmung aller drei Institutionen erforderlich. Und die sind – wie Igor bald feststellt – «alle herzlich miteinander verfeindet».

Die Mönche dürfen nicht wissen, dass Igor beste Kontakte zur Zivilverwaltung unterhält: «Das würde sie misstrauisch machen.» Der Zivilverwaltung verschweigt er, dass er schon von zu Hause aus, in St. Petersburg, erfolgversprechende Beziehungen zu den Mönchen geknüpft hat. Und die Naturschutzbehörde überzeugt Igor am Ende dadurch, dass er ihr unseren Film über den Baikalsee zeigt.

Als wir uns Walaam mit einem der riesigen Touristendampfer nähern, die im Sommer regelmäßig die Inselgruppe ansteuern, ist von der «geistigen Festung», dem «Athos des Nordens», zunächst kaum etwas zu erkennen. Hier und da eine kleine Kapelle, ein Glockenturm, dessen vergoldete Spitze nur wenig über die Wipfel der Bäume ragt, die das Kloster umgeben. Erst als der Dampfer angelegt hat und wir mit einem der beiden Taxis des Archipels über einen fast zehn Kilometer langen Waldweg in das Innere der Hauptinsel gelangt sind, erblicken wir die hellblauen, mächtigen Kuppeln der Christi-Verklärungs-Kathedrale, die unlängst in ihrer ganzen Pracht wiederhergestellt wurde. Sie ist das architektonische und geistige Zentrum des Klosters.

Die Geschichte des Klosters Walaam kann als Symbol für die Geschichte Kareliens insgesamt verstanden werden. Gegründet um 1400, begreift es sich bis heute als «Zentrum der karelischen Orthodoxie», als Vorposten im Kampf gegen alle «schädlichen Einflüsse» des Westens, eines Kampfes, der immer wieder blutige Opfer forderte. Nicht weniger als dreimal wurde das Kloster von schwedischen Truppen besetzt und verwüstet, viele der Mönche und andere Einwohner des Archipels umgebracht. Erst nach dem endgültigen Sieg Russlands gegen Schweden im Nordischen Krieg konnte das Kloster wiederaufgebaut werden – auf Befehl Peters des Großen.

Zu Zarenzeiten galt ein Besuch auf Walaam als Ersatz für die beschwerliche Pilgerreise nach Jerusalem. Seit dem Zusammenbruch des Sowjetreiches bevölkern auch heute wieder täglich Tausende von Pilgern aus allen Teilen Russlands den weitverzweigten Archipel in den Sommermonaten. Die in den übrigen Jahreszeiten herrschende Einsamkeit und die herbe nördliche Schönheit der abgelegenen Inselwelt hat viele Künstler inspiriert – Tschaikowskij etwa zu den melancholischen Klängen des zweiten Satzes seiner Ersten Symphonie, Nikolaij Leskow zu der ebenso grandiosen wie geheimnisvollen Erzählung «Der verzauberte Pilger», die ihren Schauplatz auf Waalam hat. Und auch heute ist Walaam wieder das Ziel vieler Künstler und Intellektueller aus allen Teilen Russlands.

Nach der Unabhängigkeit Finnlands von Russland im Jahre 1917 ging das Kloster Walaam in finnischen Besitz über. Die orthodoxen Mönche nahmen die finnische Staatsbürgerschaft an, hielten seit 1925 Gottesdienste in finnischer Sprache. Und die finnische Armee baute den Walaam-Archipel zur Festung aus. Im «Winterkrieg» 1939/40 bombardierte die sowjetische Luftwaffe nicht nur die Festungsanlagen, sondern auch das Kloster Walaam. Die Mönche flohen nach Zentralfinnland und nahmen die wertvollsten Ikonen, das Messgeschirr, die Klosterbibliothek und auch die Glocken mit. Die größte allerdings fiel dabei in den Ladoga-See und versank. Nach der finnischen Niederlage im April 1940 kam Walaam, wie fast das ganze westliche Karelien, wieder unter russische Herrschaft, die sich jetzt sowjetisch nannte.

Die Rote Armee machte aus dem Kloster eine Bootsmannschule. Im Zweiten Weltkrieg wurde Walaam dann erneut von finnischen Truppen besetzt, die von hier aus gemeinsam mit der deutschen Wehrmacht fast das gesamte Gebiet bis nach Leningrad kontrollierten. Lediglich ein Zipfel im Süden des Ladoga-Sees blieb noch unter der Kontrolle der Roten Armee, die über eine Trasse auf dem Eis die von der Blockade eingeschlossene Bevölkerung Leningrads versorgte – die legendäre «Straße des Lebens». Nach der Niederlage Finnlands 1944 nahm wieder die Sowjetunion von Walaam Besitz. Versorgungsbetriebe einer Zellulosefabrik zogen auf die Inseln, eine «Heim» genannte Verwahranstalt für Tbc-Kranke, geistig Behinderte und Kriegsinvaliden wurde errichtet. Kirchen, Kapellen und Glockentürme galten als «historisch unbedeutend» und wurden zerstört, gesprengt, verbrannt. Nach dem Zerfall der Sowjetunion gelangte das Kloster in den Besitz der russisch-orthodoxen Kirche, und es begann der Wiederaufbau und die Restaurierung der wichtigsten geistlichen Bauwerke auf Walaam.

Vater Sergej ist Fahrer des klostereigenen Taxis, eines von zwei, die täglich für mehr als eintausend Touristen auf Walaam zur Verfügung stehen. Neben dem Armaturenbrett des altersschwachen VW-Busses kleben bunte Heiligenbildchen, aus dem Lautsprecher tönen mittelalterliche geistliche Gesänge. An die Innenseite der Beifahrertür ist eine dicke Blechbüchse für Spenden montiert. Ein Taxameter gibt es nicht. Der Preis, den Vater Sergej für jede Fahrt verlangt, ist mindestens doppelt so hoch wie die Tarife in St. Petersburg und Moskau. Das Geld kommt aber nicht in die Spendenbüchse.

Im früheren Leben hat Vater Sergej für eine deutsche Firma in St. Petersburg gearbeitet, dann ein kleines «bisnes» betrieben, wie er auf Russisch sagt. Im Jahr 1998, vermutlich nach dem Bankenkrach in Russland, ist er Mönch geworden. Neben seiner Tätigkeit als Fahrer des Klostertaxis ist er zuständig für die Beaufsichtigung des klostereigenen Fischzuchtbetriebes. Die Mönche auf Walaam leben fleischlos, wie sie sagen.

Das Regime im Kloster von Walaam ist sehr streng, erklärt Vater Sergej. Es beginnt mit dem Frühgottesdienst um 4 Uhr 30 und endet nach dem Vergebungsritual gegen 21 Uhr. Fernsehen und Radio sind den Mönchen verboten, ebenso private Telefongespräche. Auch weltliche Zeitungen und Zeitschriften gibt es nicht. «Nur russisch-orthodoxe. Alles andere würde uns von der geistigen Betrachtung des göttlichen Segens ablenken.»

Während einer Fahrt mit dem Ruderboot zu den Fischbecken des Klosters fragen wir Vater Sergej nach der Rolle, die die Mönche heute für den russischen Staat und das Gemeinwesen spielen. Seine Antwort verblüfft uns: «Das Mönchtum repräsentiert die Gesellschaft Russlands.» Auf unsere Bitte, dies etwas näher zu erklären, bekräftigt er ohne Zögern: «Wir Mönche sind die Repräsentanten der russischen Gesellschaft. Die Klöster waren das geistig-kulturelle Zentrum Russlands. Und der russisch-orthodoxe Glaube in Russland ist das Fundament, auf dem der russische Staat entstanden ist, auf dem sich die Geschichte Russlands entwickelt hat. Er ist unentbehrlich, er ist die Seele Russlands.»

Aber die Mehrheit der russischen Gesellschaft sei doch – im Sinne der Kirche – keineswegs gläubig, wenden wir ein. Wieso repräsentiere er dann die ganze Gesellschaft?

Die Antwort folgt prompt und mit unbewegter Miene: «Das gottlose Regime, das bei uns von 1917 bis 1991 herrschte, hat das ganze Volk, das große russische Volk, durch eine falsche Ideologie verdummt. Das Volk hörte nicht mehr auf Gott. Und diese Gottlosigkeit herrscht bis heute in unserem Land. Die Mehrheit bei uns fühlt sich leider von der westlichen Ideologie angezogen. Doch diese westliche Ideologie ist dem russischen Menschen fremd. Wir haben unsere eigene Kultur, unsere eigene Geschichte. Wozu brauchen wir das Fremde? Wir brauchen nichts Fremdes, wir wollen die Wiedergeburt unserer eigenen Kultur. Nur wir allein können uns – mit Gottes Hilfe – aus der beschämenden Lage herausführen, in der sich unser Russland heute befindet. Wir beten für Russland.»

Einige Tage später führen wir auch ein Interview mit dem Abt des Klosters, dem Igumen, wie er in der russisch-orthodoxen Kirche genannt wird. Er bekräftigt die Sichtweise von Vater Sergej und betont vor allem die besondere Rolle, die Walaam für Russland spielt. «Die Wiederherstellung von Walaam ist wichtig für unser ganzes Land, unser ganzes Volk. Unsere Väter haben bewusst eine Insel als Ort für dieses Kloster gewählt. Hier leben wir abgeschieden, und wir haben mehr Möglichkeiten fürs Beten und das Mönchsdasein. Und das gibt uns auch Kraft, von hier aus zu missionieren. Wir betreiben nicht nur auf Walaam eine Schule, sondern auch in St. Petersburg, in Priosersk und in anderen Orten. Und mit Gottes Hilfe werden es hoffentlich immer mehr.»

Nach unserer Rückkehr von Walaam lesen wir in der Tageszeitung «Das Gouvernement Karelien» einen Artikel mit der Überschrift: «Wollen die Mönche wieder den ganzen Archipel in Besitz nehmen?»

Die Antwort darauf hatten uns schon die Bewohner in der Nachbarschaft des Klosters gegeben: «Sie wollen es. Mit allen Mitteln.» Und in der Wahl dieser Mittel sind die Mönche offenbar nicht zimperlich. Das jedenfalls hatte uns der letzte noch auf Walaam verbliebene Bauer erklärt, ein – wie er von sich sagt – «sehr christlicher Mensch», der versucht, seine Familie mit elf Hektar Land und ein paar Kühen und Ziegen über Wasser zu halten. «Das Kloster», so Alexander Schterbakow, während er Heuballen auf einen Wagen wuchtet, «ist der Meinung, dass es für uns keine Zukunft hier gibt, dass auf Walaam kein Platz mehr ist für eine weltliche Siedlung. Dabei wollen die meisten der Einheimischen nicht weg. Es sind doch ohnehin kaum zweihundert. Das Leben hier ist hart, sicher. Aber die Mönche tun alles, um es uns noch schwerer zu machen. Wenn ich frage, ob ich bei ihnen einen Traktor leihen kann, um mein Heu von den Wiesen zu holen, gegen Bezahlung natürlich, lehnen sie ab. Wenn ich von ihnen etwas Dünger kaufen will, lehnen sie ab. Wenn wir ihnen ein paar Fische abkaufen wollen, lehnen sie ab. Dabei sind wir doch auch gute russisch-orthodoxe Menschen. Warum kann die Kirche nicht mit uns, dem Volk, kooperieren?»

Vater Sergej hatte das Problem aus Sicht der Kirche unverblümt auf den Punkt gebracht, allerdings ohne Kamera und Mikrophon: «Früher war der ganze Archipel ein Kloster, eine Art kleiner russisch-orthodoxer Staat. Heute lassen die weltlichen Bewohner hier alles verkommen. Deshalb möchten wir, dass Walaam wieder komplett der Kirche zurückgegeben wird und den Status einer Klosterinsel erhält.»

Padosero

Sie sind auf keiner Karte verzeichnet, kein Weg führt dorthin. Fernab jeder Siedlung, versteckt in einem dichten Wald aus Kiefern, Birken und niedrigen Tannen, glänzen in der Sommersonne ein paar kleine, dunkle Kreuze aus Stein. Und etwas abseits davon ragt ein hohes Metallkreuz empor, an dessen Fuß in russischer und deutscher Sprache zu lesen ist: «Hier ruhen Kriegsgefangene – Opfer des Zweiten Weltkriegs.»

Jurij Dimitrijew hat uns hierher geführt, ein Historiker, der sich seit vielen Jahren mit den Opfern des Stalin-Terrors, den Zwangsarbeitern und Gefangenen des Zweiten Weltkriegs in Karelien beschäftigt. An der Stelle, an der heute die Kreuze aus dem Waldboden ragen, etwa auf halber Strecke zwischen Ladoga- und Onega-See, befand sich einst der Friedhof des Lagers Padosero, benannt nach der einige Kilometer entfernten Bahnstation. Es war ein Lager für deutsche Frauen, aber keineswegs «Kriegsgefangene», sondern Zivilisten – beim Einmarsch der Roten Armee 1945 aus den Dörfern und Städten Ostpreußens verschleppt zur Zwangsarbeit in die Wälder Kareliens. «Angeblich waren es deutsche Bürger, die geheim oder offen mit den Nazis kooperiert hatten und auf Befehl des NKWD verhaftet wurden», erzählt Jurij Dimitrijew, der die Lagerakten und Todeslisten von Padosero in einem NKWD-Archiv gefunden und die Geschichte der Opfer akribisch rekonstruiert hat. «In Wirklichkeit hat man die Ärmsten einfach eingesammelt und in die verschiedensten Lager der Sowjetunion verschleppt. Erst dort sollte geklärt werden, ob sie mit den Nazis gearbeitet hatten oder nicht. Aber 99 Prozent der Häftlinge, das ist sicher, waren friedliche und unschuldige Menschen.»

Auf unsere Frage nach den Motiven für diese Zwangsdeportationen schüttelt Jurij Dimitrijew nachdenklich den Kopf. «Genau weiß ich es auch nicht. Offiziell wurde behauptet, es seien wirtschaftliche Gründe, sozusagen ein Ausgleich für die von den Deutschen in der Sowjetunion angerichteten materiellen Schäden. Aber ich glaube, es geschah eher aus einem Gefühl der Rache. Um den Deutschen noch mehr Schmerz für den von ihnen entfachten Krieg zuzufügen.»

Im Lager von Padosero saßen im Jahr 1945 etwa eintausend deutsche Frauen, die jüngsten 14 Jahre alt, die ältesten 65. Sie mussten Bäume fällen, wobei sie nicht selten bis zum Oberkörper im Schnee standen. Sie wurden zur Arbeit in einem nahe gelegenen Kalksteinbruch eingesetzt, sie bauten und reparierten Waldwege, auf denen das Holz zur Bahnstation transportiert wurde. Sie fielen Hunger, Kälte, Krankheiten, unmenschlichen Arbeitsbedingungen zum Opfer – auf dem Lagerfriedhof von Padosero wurden, wie Jurij Dimitrijew herausfand, etwa 180 deutsche Frauen beerdigt. Doch bis zum Ende der Sowjetunion gab es von diesem Friedhof keine Spur mehr. Die wenigen Kreuze, die in der Lagerzeit errichtet werden durften, waren zerfallen, das Gelände von Gras, Gestrüpp und dichtem Wald überwuchert. Erst im Jahr 1998 wurde es in einer gemeinsamen Aktion der russischen Menschenrechtsorganisation «Memorial» und der deutschen Heinrich-Böll-Stiftung freigelegt und zu einer symbolischen Gedenkstätte hergerichtet – für alle deutschen Zivilgefangenen, die nach dem Zweiten Weltkrieg in den Wäldern Kareliens ihr Leben ließen.

«Die Erinnerung an den Krieg», sagt Jurij Alexejewitsch, «ist in unserem Land noch sehr lebendig. Aber unser Volk hat begriffen, dass es

nicht richtig sein kann, dem heutigen deutschen Volk noch die Schuld
zu geben. Es sind die Politiker, die die Kriege beginnen. Und die ein-
fachen Menschen sind es, die leiden.»

Kalevala, Ort und Mythos

«Lieder gab mir selbst die Kälte,
Sang gab mir der Regenschauer,
Andere Lieder brachten Winde,
Brachten mir des Meeres Wogen,
Worte fügten mir die Vögel,
Sprüche schuf des Baumes Wipfel.
Sammelt' sie zu einem Knäuel,
Band in Bündel sie zusammen.»

So spricht in der Übersetzung Martin Bubers der weise Zauberer, der
mächtige Held und wortgewaltige Sänger Väinämöinen, von dessen
Leben und Tod das Epos erzählt, das unter dem Namen «Kalevala»
weltberühmt wurde. Sein Erscheinen gilt als die Geburtsstunde der
finnischen Literatur und des finnischen Nationalbewusstseins. Nach
der Reformation und unter Einfluss des seither in Finnland herr-
schenden Protestantismus hatten sich nur noch in Karelien Reste
der urfinnischen Kultur mit ihren Mythen, Zaubersprüchen, schama-
nistischen Riten erhalten. Erst im 19. Jahrhundert, in der Zeit der
Romantik, begann eine Rückbesinnung auf die Elemente dieser urfinnischen Kultur – und man fand sie in den Dörfern Kareliens.

Der Mann, der die Lieder und Weisheiten des Väinämöinen sam-
melte und zu jenem «Bündel» formte, war der finnische Arzt und
Völkerkundler Elias Lönnrot. Um 1830 bereiste er die Zentralregion
Kareliens und schrieb in dem Dorf namens Kalevala auf, was ihm
die «Runensänger», die Volkssänger und Märchenerzähler aus dem

kleinen Ort am Ufer des Kuito-Sees und den umliegenden Dörfern zu Gehör brachten. Dabei, so wird berichtet, gab er sich meist als Bauernsohn aus, um beim «gemeinen Volk» kein Misstrauen zu wecken, wenn er dessen Märchen und Lieder in seine Schulhefte notierte.

Bis zum Erscheinen der fast dreißigtausend Verse der «Kalevala» hatten Finnisch und das ihm verwandte Karelisch als «primitive Bauernsprachen» gegolten. Die Sammlung Lönnrots galt nun als Beleg, dass Finnen und Karelier durchaus ein «Volk mit Kultur und Geschichte» waren, seine mündlichen Überlieferungen an poetischer Kraft, Phantasie und Dramatik anderen großen Epen des Abendlandes kaum nachstanden. Seine Helden allerdings sind keine unbesiegbaren Recken, sondern einfache Menschen aus dem Volk – der Schmied, der Bauer, der Fischer, der Sänger. Ihre Kraft ist das Wort, das als «Herr der Elemente» gilt und ebenso erschaffen wie vernichten kann. Kein anderes Werk hat die finnische Kultur der Neuzeit so sehr beeinflusst wie die «Kalevala». Unzählige Künstler, Komponisten und Schriftsteller haben sich von ihr inspirieren lassen – von Jean Sibelius und seiner «Karelia-Suite» über den Maler und Bildhauer Akseli Gallen-Kallela, dessen Fresken nach Motiven der «Kalevala» den finnischen Pavillon auf der Pariser Weltausstellung 1900 zierten, bis zu jungen finnischen Folksängern der Gegenwart.

Als wir das Dorf Kalevala etwa fünfzig Kilometer vor der finnischen Grenze erreichen, liegt der Kuito-See glatt wie ein Spiegel vor uns, im strahlenden Blau des wolkenlosen Himmels. Die unbefestigte, von Schlaglöchern übersäte Uferstraße mit den kleinen, buntbemalten Holzhäusern trägt, auf Russisch und Finnisch geschrieben, den Namen Väinämöinen-Straße. An ihrem Ende reckt das Skelett einer alten Kiefer seine verdorrten Stümpfe in den Himmel. Unter dieser Kiefer, so erklärt eine Tafel, soll Elias Lönnrot gesessen und die Lieder und Erzählungen der Volkssänger in seine Hefte notiert haben. Dorfbewohner allerdings erzählen, dass dieser Baum zuvor schon an drei anderen Orten in der Umgebung Kalevalas gestanden habe.

Der Ort Kalevala, der heute zu Russisch-Karelien gehört, hat etwa fünftausend Einwohner. Die eine Hälfte, so sagt man uns, sind Russen, die andere Karelier oder Abkömmlinge finnisch-karelisch-russisch gemischter Familien. Vor hundert Jahren zählte das Volk der Karelier noch mehr als 260 000 Angehörige. Heute sind von den insgesamt rund 800 000 Einwohnern Russisch-Kareliens offiziell nur noch etwa 60 000 karelischer Herkunft. Die anderen sind zumeist Russen, aber auch Ukrainer und Kaukasier. Die Zahl der in Finnland lebenden Karelier, die noch Kenntnisse ihrer Sprache und Kultur haben, wird mit rund fünftausend angegeben.

Kalevala gilt traditionell als das Zentrum der karelischen Kultur. Es gibt ein – schon zu Sowjetzeiten gegründetes – karelisches Laientheater, das neben einigen Stücken in karelischer Sprache vor allem Lustspiele auf Russisch aufführt. Aber es existiert keine karelische Schule mehr, und an der russischen Dorfschule wird Karelisch als Unterrichtsfach nicht mehr wie früher vier Stunden in der Woche gelehrt, sondern nur noch zwei. Das einstige große karelische Heimatmuseum in Kalevala wurde geschlossen, weil man ein Baugrundstück für Läden brauchte. Heute ist das Museum in einer winzigen Holzhütte mit zwei kleinen Zimmern untergebracht. «Früher», sagt seine junge Leiterin Swetlana Nikolajewna, die aus einer finnisch-russischen Familie stammt, «gab es hier auch noch ein finnisch-karelisches Radio und eine finnisch-karelische Zeitung. Seit der Perestrojka ist alles eingestellt. Marktwirtschaft!»

Auf unsere Frage, was mit der karelischen Sprache und Kultur geschehe, antwortet Swetlana achselzuckend: «Sie wird aussterben. Die Sprache geht verloren, die Sitten und Gebräuche vermischen sich, weil man hier multinational ist.» Zu Zeiten Lönnrots, so erzählt sie, konnten fast alle Menschen in Kalevala und den Dörfern der Umgebung eine Rune singen oder auch neuere Lieder vortragen. Zur Besonderheit der karelischen Kultur habe gehört, dass das Runensingen nicht nur einigen auserwählten, besonders begabten Menschen vorbehalten war. «Die überlieferten Lieder wurden gesungen von gewöhn-

lichen Jägern, Bauern und Fischern. Sie waren in des Wortes bester
Bedeutung Eigentum des ganzen karelischen Volkes.» In der «Kalevala», so Swetlana Nikolajewna, sei alles enthalten, was die mensch-
liche Existenz ausmacht – «große Liebe und Freundschaft, Geburt,
Hochzeit und Reisen, aber auch Rache, Bosheit und Tod. Alles, was
Sie wünschen.» Und nach einer Pause fügt sie hinzu: «Dass ein so
kleines Volk wie wir Karelier der Welt ein so großes Epos gegeben
haben – darauf bin ich stolz. Und auch darauf, dass nicht einmal die
siebzig Jahre Sowjetzeit es vermocht haben, unsere Kultur völlig zu
vernichten.» Und zum Abschied rät sie uns, in das Dorf Juschkosero
zu fahren, vier Autostunden südöstlich von Kalevala, wo noch die
letzte «authentische» Runensängerin in Russisch-Karelien lebe.

Die letzte Runensängerin

Über eine Sandpiste, auf der die Staubwolken, die unser Kleinbus
aufgewirbelt hat, noch kilometerweit zu sehen sind, und über eine
schmale Holzbrücke, an welcher ein Verkehrsschild in kyrillischer Sprache fordert: «Chauffeur, wirf die Passagiere raus», gelangen wir nach
Juschkosero. Das Dorf liegt malerisch am Ufer des Flusses Kem, der
einige hundert Kilometer östlich beim Ort gleichen Namens in das
Weiße Meer mündet. Einst galt Juschkosero, so hatte man uns in Kalevala gesagt, als ein reiches Dorf. Ein Staatsgut, ein staatlicher Forstbetrieb und ein Sägewerk, verbunden mit dem Fischreichtum und
unendlich vielen Früchten der Wälder, hatten für einigen Wohlstand
gesorgt. Doch geblieben sind außer den Fischen nur noch die Himbee-
ren, Blaubeeren und Brombeeren, die auch unseren Wegrand gesäumt
haben. Einst zählte das Dorf 1500 Einwohner, heute sind es nur noch
knapp 700. Es gibt keine Arbeit mehr, die Jugend zieht in die Städte,
zurück bleiben die Alten und diejenigen, die gerade so viel benötigen,
um sich regelmäßig eine Flasche billigen Fusel leisten zu können.

Die älteste Dorfbewohnerin ist Helena Reikina, die vor achtzig Jahren in Juschkosero geboren wurde – jene letzte «authentische» Runensängerin, von der uns die Museumsleiterin in Kalevala erzählt hatte. Sie sitzt, vertieft in eine mehrere Tage alte Zeitung, auf der offenen Veranda ihres kleinen Holzhauses. Als wir über den Gartenzaun fragen, ob wir mit ihr ein paar Worte wechseln dürfen, schallt es mit heller Stimme, laut und vernehmlich: «Herein, herein.» Sie sei «Fotografen» gewöhnt, sie habe sogar schon einmal an einem Runensängerwettbewerb in Finnland teilgenommen – und gewonnen.

Das Schicksal Helena Reikinas ist typisch für das vieler Frauen in Russlands Dörfern. «Schon mit dreizehn Jahren, während des Krieges gegen die Deutschen und Finnen, musste ich arbeiten, als Telefonistin bei der Feuerwehr. Als ich vierzehn wurde, musste ich in den Wald zum Holzfällen. Mit einer Handsäge, auch im tiefsten Winter, bei minus zwanzig Grad. Aber ich habe die Norm erfüllt. Manchmal sogar doppelt und dreifach.»

Nach dem Krieg, so erzählt Helena Reikina weiter, hat sie geheiratet und vier Kinder bekommen. Doch schon zehn Jahren später starb ihr Mann an den Folgen einer Kriegsverletzung. «Ganz allein musste ich meine Kinder durchbringen. Wir haben fast nur von Kartoffeln gelebt, die wir hier im Garten gepflanzt haben. Und wenn mal etwas Geld da war, haben wir uns Stockfisch geleistet.» Seit fünfundzwanzig Jahren ist sie nun in Rente und stolz darauf, dass alle vier Töchter etwas geworden sind. «Geht studieren, hab ich ihnen gesagt, sonst müsst ihr von morgens bis abends im Wald arbeiten wie ich.»

Ihre Muttersprache, sagt Helena Reikina, ist Karelisch. Und von ihrer Mutter hat sie auch ihr erstes karelisches Lied gelernt. Sie kann es noch heute und erzählt uns den Inhalt: «Es geht um unser armes Leben, eine arme Frau, die nichts besitzt. Und eines Tages erscheint ein Verwandter zu Besuch, und sie weiß nicht, wie sie ihn bewirten soll. Können Sie sich vorstellen, was dies bedeutet?»

Auch wann sie das Lied zuerst gehört hat, weiß Helena Reikina noch genau. «Ich war sieben Jahre alt und mit meiner Mutter beim

Fischen. Da hat sie es gesungen, so laut, dass es über den ganzen See schallte.» Später hat sie noch viele Lieder von ihrer Mutter gelernt, karelische und russische. Die musste sie immer auf den Dorffesten singen, auch bei Hochzeiten, auf Geburtstagen. Schließlich seien Leute aus Petrosawodsk gekommen, und sogar aus Finnland. «Denen musste ich immer in ein Mikrophon singen. Und sie haben mich ausgefragt, woher ich die karelischen Lieder kenne, zu welchen Gelegenheiten sie gesungen wurden und was ich sonst noch darüber wisse. Dann haben sie mich eingeladen, in die Stadt, um vor vielen Leuten zu singen. Und die haben dann geklatscht. Aber Geld habe ich nicht bekommen. Wollt ihr ein Lied hören?» Noch bevor wir freudig zustimmen können und Andrej einen günstigen Platz für sein Mikrophon gefunden hat, beginnt sie mit heller, für unsere Ohren fast schriller Stimme zu singen, eine Strophe nach der anderen. Es ist das Lied von der armen Frau, ein sehr langes Lied – «wie alle unsere Lieder». Als sie mit ihrem Lied fertig ist und kaum Atem geholt hat, fragt die muntere Achtzigjährige: «Wollt ihr noch was hören?» Und ohne unsere Antwort abzuwarten, legt sie wieder los, diesmal ist es, wie sie hinterher erklärt, ein Hochzeitslied. Der Bräutigam stellt sich vor, wie seine Braut aussehen soll. «Schön soll sie sein und zart wie ein Vogel. Und Zöpfe soll sie tragen.» Auch die typischen karelischen Beerdigungslieder hat sie als Kind gehört. «Aber beim Singen dieser Lieder hat meine Mutter immer so geweint, dass ich mir keinen Text merken konnte.»

Am Ende unseres Gespräches, nach einigen weiteren Liedern, die sie für uns gesungen hat, frage ich: «Sie haben ein schweres Leben gehabt, Krieg, Nachkriegszeit, früh den Mann verloren, allein mit vier kleinen Töchtern – sind Sie heute mit Ihrem Leben glücklich?»

Helena Reikina lacht: «Was bleibt mir denn übrig? Ich bin allein, und ich mache, was ich will. Wenn ich singen will, singe ich, wenn ich sitzen will, sitze ich, wenn ich spazieren will, gehe ich die Dorfstraße auf und ab, damit die Füße nicht aus der Übung kommen. Denn wenn ich nicht mehr laufen kann, wer braucht mich dann noch – wenn ich liegen bleibe? Man muss laufen und singen und tanzen.» Und dann springt Helena Reikina plötzlich auf und ruft zu Maxim hinter der Kamera: «Ich kann nicht nur karelische Lieder, sondern auch russische.» Sie stemmt die Arme in die Hüften, springt kurz hoch und landet mit beiden Füßen. Und singt, die Füße nun abwechselnd auf den Boden stampfend, die Arme in Schulterhöhe erhoben und den Oberkörper temperamentvoll hin und her wiegend, ein populäres russisches Scherzlied, mit durchdringender Stimme.

Am Gartenzaun des Nachbarhauses steht ein kleines Mädchen und summt die Melodie leise mit.

Über die Grenze nach Finnland

Bei Kostomukscha, etwa sechshundert Kilometer nördlich von St. Petersburg, passieren wir die Grenze nach Finnland. Schon seit Tagen hatte uns ein mulmiges Gefühl beschlichen. Würde es für Maxim und die anderen russischen Kollegen im Team an der Grenze Probleme geben? Immerhin ist sie die Außengrenze der EU und wird besonders scharf bewacht. Würden wir das in Russland gedrehte Filmmaterial ohne Sondergenehmigung außer Landes transportieren können? Und ist das Betreten des 25 Kilometer breiten russischen Grenzstreifens bei Kostomukscha, der offiziell der Kontrolle und Verwaltung des KGB untersteht, Ausländern überhaupt gestattet?

Als wir die Grenzstation erreichen, erweisen sich unsere Sorgen als unbegründet. Nach knapp einer Stunde haben wir alle Kontrollen hinter uns, die russischen wie die finnischen. Unser VW-Bus mit Petersburger Kennzeichen wurde von der finnischen Zöllnerin zwar etwas näher inspiziert. Doch dann wünschte man uns «Gute Reise», einer der finnischen Grenzpolizisten sagte es sogar auf Russisch.

Hinter der Grenze nimmt uns die deutsche Kollegin Rebecca Libermann in Empfang, die Igor als Producer ablöst. Sie lebt seit fast drei Jahrzehnten in Finnland, spricht fließend finnisch und arbeitet für verschiedene internationale Nachrichtenagenturen, Zeitungen und Fernsehanstalten. Kollegen vom NDR hatten sie uns wärmstens empfohlen.

Als Erstes fällt uns der Zustand der finnischen Straßen auf. Vor allem Aljoscha, unser Chauffeur, der früher in der Sowjetarmee als Panzerfahrer diente, ist entzückt: «Alles gerade, wunderbar asphaltiert, keine Schlaglöcher. Dafür brauchen wir noch zwanzig Jahre, mindestens.» Rebecca allerdings warnt – auch hier gebe es Geschwindigkeitsbegrenzungen.

Unser Weg führt uns hinter der Grenze immer nach Süden, Richtung Ilomantsi, dem kulturellen Zentrum Finnisch-Kareliens. Immer wieder tauchen in den Wäldern links und rechts der Straße lange Reihen mächtiger Felsblöcke auf, es sind die Reste von Panzersperren aus dem finnisch-russischen «Winterkrieg» 1939/40 sowie dem «Fortsetzungskrieg» an der Seite der deutschen Wehrmacht gegen die Sowjetunion in den Jahren 1941 bis 1944.

Eine der Hauptkampflinien führte entlang unserer Straße, und Ilomantsi war Zentrum besonders heftiger Kämpfe.

Einige Kilometer vor dem Ort öffnet sich der Wald und gibt in östlicher Richtung den Blick auf eine riesige Ebene frei. Am Straßenrand recken drei Kanonen ihre Rohre nach Osten, zum «Gedenken an die Schlacht im Sommer 1944», wie die Inschrift auf einem Feldstein in finnischer und englischer Sprache besagt. Die Kanonen wurden 1901 in Petrograd gegossen. Die Lafetten sind finnischer Bauart.

Nur wenige Fahrtminuten von dieser Gedenkstätte entfernt liegt ein Museum, vor dem ebenfalls alte Kanonen stehen. Sie stammen aus russischer, britischer, amerikanischer und deutscher («Krupp») Produktion. Sie sind teils erbeutet, teils gekauft oder Schenkungen, wie uns ein finnischer Arbeiter erklärt, der an einem der Kanonenrohre Rost schmirgelt. «Auf beiden Seiten hatten wir die gleichen Kanonen, von denselben Firmen. Und damit haben wir uns gegenseitig totgeschossen.»

Im Inneren des Museums wird nicht nur an die Geschichte des «Winterkriegs» und des «Fortsetzungskriegs» erinnert, in deren Folge Finnland große Teile Kareliens an die Sowjetunion verlor und 400 000 finnische Karelier ihre Heimat verlassen mussten. Vielmehr wird auch deutlich, dass Finnland und die Region Karelien seit Jahrhunderten von Kriegen, Besetzungen und Teilungen gebeutelt wurden. Schon im 12. Jahrhundert war das heutige Finnland Zankapfel seiner mächtigen Nachbarn Schweden und Russland. Im Jahr 1323 schließlich einigten sie sich – und teilten Finnland. Der größte Teil des Landes kam unter schwedisches Patronat, der Rest ging an Russland.

Nach vielen weiteren Kriegen wurde Finnland 1809 aus dem schwedischen Großmachtbereich entlassen – in eine andere Fremdherrschaft, die der russischen Zaren. Erst 1917 erhielt Finnland seine Unabhängigkeit. Durch einen Erlass Lenins, der vor der Revolution mehrfach in Finnisch-Karelien Unterschlupf gefunden hatte. Im November 1939 überfiel dann die Sowjetunion Finnland, um sich weite Teile Finnisch-Kareliens einzuverleiben. Die Grenze, die nach dem Sieg der Roten Armee am Ende des Zweiten Weltkriegs gezogen wurde, ist bis heute die Grenze zwischen Russland und Finnland, zwischen Russisch-Karelien und Finnisch-Karelien. Wobei der finnische Teil Kareliens heute nur etwa zehn Prozent der Gesamtfläche Kareliens ausmacht.

Der 7000-Seelen-Ort Ilomantsi, die östlichste Gemeinde Finnlands, wirkt auf den ersten Blick verträumt. Und außer einem kleinen Holzverarbeitungsbetrieb und einem Bahnhof, auf dem das Holz verladen wird, gibt es hier, wie uns Rebecca erzählt, kaum etwas, was Arbeitsplätze bietet. Weit über die Gemeindegrenzen hinaus ist Ilomantsi allerdings berühmt für sein Museum, das «Runensängerhaus». Das schöne, dunkle Holzhaus mit seinen leuchtend weiß gestrichenen geschnitzten Verzierungen, wie wir sie auch schon in Russisch-Karelien bewundert haben, steht auf einem tiefgrünen Hügel etwas außerhalb von Ilomantsi, umgeben von einigen anderen historischen Gebäuden – Schuppen, Speichern, kleinen Holzhütten. In einer dieser Hütten lebte um 1800 die Runensängerin Mateli, deren zumeist lyrische Weisen einst auch Elias Lönnrot bei seinen Besuchen in Ilomantsi lauschte und die er später in seine Liedersammlung «Kanteletar» aufnahm. Der Name Mateli war uns schon vor unserer Reise nach Karelien begegnet – als Titel einer CD der wunderbaren finnischen Folksängerin und Kantele-Spielerin Liisa Matveinen, die ebenfalls aus Ilomantsi stammt und in ihren Liedern liebevoll Texte und ausdrucksstarke musikalische Motive der Mateli aufgreift.

Im Inneren des Museums finden sich neben den Bildern berühmter Runensänger der vergangenen Jahrhunderte, karelischen Trachten und historischen Kantele-Instrumenten auch mehrere Dutzend Ausgaben der «Kalevala», zum Teil wertvoll gebunden und in viele Sprachen übersetzt, darunter ins Vietnamesische.

Regelmäßig werden in den Sommermonaten im Runensängerhaus Kantele-Konzerte gegeben. Die Kantele, ein zitherähnliches Zupfinstrument, das seit zweitausend Jahren bekannt ist und zwischen fünf und sechsunddreißig Saiten haben kann, gilt als das finnisch-karelische Nationalinstrument. Schon für Väinämöinen, den Helden der «Kalevala», war es ein wesentlicher Faktor seiner Macht als Sänger.

Die zwei jungen Frauen, die bei unserem Besuch die Kantele spielen, kennen das Instrument seit ihrer Kindheit – in manchen Schulen Finnisch-Kareliens ist Kantele-Spiel Unterrichtsfach. Sie beginnen ihr Konzert mit einer jahrhundertealten karelischen Volksweise: «Die Glocken vom Ladoga-See». Gemeint sind die Glocken des Klosters Walaam, das heute im russischen Teil Kareliens liegt.

Tiina, die jüngere der beiden Frauen, geht noch in Ilomantsi zur Schule, Mirka hat eine Ausbildung als Tourismuskauffrau absolviert und ist heute arbeitslos. Ihre Prognosen über die Zukunft der karelischen Sprache und Kultur sind unterschiedlich. «Ich werde weggehen aus Ilomantsi», sagt Tiina. «Hier gibt es weder Arbeit noch eine Möglichkeit, sich weiterzubilden.» Und mit gleicher Bestimmtheit urteilt die dunkelhaarige, aparte Achtzehnjährige über die Zukunft der karelischen Kultur: «Sie wird aussterben. Wenn die Menschen erst mal von hier weggezogen sind, hat auch unsere Kultur keine Chance mehr. Die Kultur verschwindet mit den jungen Leuten. Schon heute interessieren sich nur noch wenige meiner Altersgenossen für die Kantele oder andere Elemente der karelischen Kultur. Sie machen lieber Aerobic oder gehen in die Disko.»

Die etwas ältere Mirka ist nicht ganz so skeptisch. «Die karelische Kultur ist doch Teil unserer Identität. Sie prägt unseren Charakter, unseren Dialekt, unsere Sitten, unsere alten Legenden und unsere Musik. Es hängt doch von uns selbst ab, ob unsere Kultur am Leben bleibt oder nicht. Ich jedenfalls möchte, wenn ich mal Kinder habe, ihnen das Spielen auf der Kantele beibringen. Und auch sonst möglichst viel von unserer Kultur.»

Als wir vom Runensängerhaus zu unserem Hotel in Ilomantsi fahren, legen wir die CD mit den Liedern der Liisa Matveinen ein. «Solange es solche Musik gibt, wird auch die karelische Kultur nicht sterben», sagt Rebecca. Sie ist eben eine Optimistin, denke ich.

Hoilola

Das Dorf Hoilola zählt 104 Einwohner. In seiner Nähe fließt der Onnenvirta, der «Glücksfluss». Seinem Namen hat er allerdings nicht immer Ehre gemacht. Hoilola ist ein Rumpfdorf, wie die Finnen sagen. Der größere Teil des Dorfes liegt jenseits der Grenze, in Russland. Im Wald am anderen Ufer des Korpijärvi-Sees, das von Hoilola aus zu sehen ist. Dort befinden sich auch noch die beiden alten Kirchen des Dorfes, die langsam zerfallen. Mehr als fünfzig Jahre konnten die Brüder Untamo und Antero Salonen sie nicht mehr besuchen. Seit jenem September 1944, als Finnland vor der Übermacht der Roten Armee kapitulierte, weite Teile Kareliens an die Sowjetunion abtreten musste und die Grenze mitten durch das Kirchspiel gezogen wurde, zu dem auch Hoilola gehörte. Wie so viele andere Menschen im Europa des vergangenen Jahrhunderts wurde auch die Familie Salonen zu Vertriebenen.

Wir treffen die Brüder Salonen auf ihrem gepflegten Anwesen am Westufer der Korpijärvi-Sees. Unweit des graugestrichenen, weitläufigen Wohnhauses aus Holz haben sie eine kleine, aber gut ausgestattete Werkstatt eingerichtet, an deren Außenwänden Holzkreuze unterschiedlicher Größe und geschnitzte Ikonen lehnen. Beide sind gelernte Schreiner, sie zimmern und schnitzen Särge, Kreuze, Ikonen und Möbel aller Art. Und obwohl längst im Pensionsalter, können sie sich einen Tag ohne Arbeit in der Werkstatt nicht vorstellen. Ebenso wenig wie eine Prozession oder eine andere kirchliche Feier, an der sie nicht aktiv teilnehmen. Beide sind tiefreligiös, finnisch-orthodox, Glaubensbrüder der russischen Karelier. Die Kreuze, die sie zimmern, sind orthodoxe Kreuze, die Ikonen etwas modernere Varianten der traditionellen russischen Ikonen. Und die Kirche, die sie ihrer Gemeinde in der neuen Heimat gezimmert haben und in der Antero als Küster dient, ist natürlich nach dem Vorbild ihrer orthodoxen Kirche auf dem anderen, heute russischen, Seeufer gestaltet worden.

Die Orthodoxie, das haben wir schon bei unseren Recherchen gelernt, hat auch in Finnisch-Karelien eine lange Geschichte. Bereits im 14. Jahrhundert wurde in Ilomantsi die erste orthodoxe Gemeinde Finnlands gegründet. Und so entdecken wir bei unseren Dreharbeiten auf dem Friedhof von Ilomantsi auch eine Vielzahl orthodoxer Kreuze, unmittelbar neben denen der finnischen Lutheraner. Es sind, wie fast alle Kreuze in Karelien, keine Kreuze aus Stein oder Metall, sondern aus Holz. Sie sollen verfallen, zu Staub werden …

Wir treffen Untamo am malerischen Seeufer seines Grundstücks. Er werkelt an seinem Boot, einem geräumigen «Kirchenboot», auf dem mehr als zwanzig Personen Platz finden. Früher, erzählt er, brauchte man diese großen Boote, weil die Gotteshäuser vieler Gemeinden in Karelien nur auf dem Wasserweg zu erreichen waren und sich nicht alle Familien ein eigenes Boot leisten konnten. Heute wird es vor allem für die traditionellen Sommerprozessionen benutzt, die oft mehrere Tage durch die Wälder und über die Seen führen und an denen nicht selten Orthodoxe und Lutheraner gemeinsam teilnehmen.

Aus dem Fenster seines Hauses kann Untamo bis an das andere Ufer des Korpijärvi-Sees blicken, wo hinter dichten Bäumen versteckt der andere Teil Hoilolas liegt, mit den alten Kirchen und den Gräbern seiner Familie. Seit dem Zusammenbruch der Sowjetunion kann auch Untamo wieder seine alte Heimat besuchen, jeweils für einen Tag und mit einigen Visaformalitäten verbunden, aber immerhin ...

Über die Gefühle, die ihn bewegen, wenn er heute seine alte Heimat besucht, spricht Untamo selten. Vieles schmerzt. Die zerfallenden Kirchen, die verwahrlosten Häuser in Russisch-Hoilola. Sie stehen im Grenzgebiet, und dort durfte sich zu Sowjetzeiten niemand ansiedeln. Und auch heute benötigen sogar Russen, die das alte Hoilola besuchen wollen, eine Sondergenehmigung. Dennoch fährt Untamo hinüber, sooft es geht.

«Jeder Mensch möchte doch seine eigenen Wurzeln kennenlernen. Auch wir sind auf der Suche nach diesen Wurzeln. Ein Teil ist jenseits der Grenze zurückgeblieben, abgebrochen. Dennoch geht das Leben weiter. Uns sind neue Wurzeln gewachsen, hier, auf dieser Seite der Grenze, in dieser Region. Sie ist die Heimat unserer Kinder, hier liegt die Zukunft. Wir haben uns hier gut eingerichtet.»

In der großen, neben einem alten Kachelofen modern eingerichteten Küche der Familie Salonen finden wir Tante Impi, wie sie von allen genannt wird – Impi Salonen, eine fünfundachtzigjährige, noch sehr rüstig wirkende weißhaarige Dame, die mit Untamos Ehefrau Aulikki an einem riesigen Tisch Piroggen zubereitet, das karelische Nationalgericht. Sie unterscheiden sich kaum von den russischen Piroggen, sind manchmal nur etwas kleiner.

Impi Salonen hat zweimal im Krieg gegen die Russen gekämpft, wie sie sagt. Im «Winterkrieg» und im «Fortsetzungskrieg». In der legendären freiwilligen Frauenorganisation Lotta, als Sanitäterin in Feldlazaretten der finnischen Armee. Eine Zeit, die sie bis heute bewegt: «Man erinnert sich unaufhörlich daran. Es gab so viele Tragödien, so viele

Schicksale, so viele Emotionen. Aber es ist auch schon sechzig Jahre her. In dieser Zeit haben wir unser eigenes Leben gelebt. Es hat sich so viel ereignet seither, unsere Familien sind gewachsen und haben ihr Auskommen, die Gesellschaft hat so große Fortschritte gemacht, dass wir jetzt in ganz anderen Zeiten leben. Ich hoffe nur, dass es nie wieder Krieg geben wird. Nicht in Finnland und nicht anderswo.»

«Und was bedeutet für Sie die Tatsache, dass Karelien heute ein geteiltes Land ist, ein Teil davon in Russland liegt? Würden Sie das abgetretene Land gern zurückhaben?»

Impi Salonen schaut nachdenklich aus dem Fenster. Dann sagt sie leise, aber mit fester Stimme: «Ja, es gibt zwei Karelien, in Finnland und in Russland. Und ich glaube, solange meine Augen offen sind, wird auch das an Russland verlorene Karelien nicht zu uns zurückkehren.» Impi Salonen macht eine lange Pause, als koste es sie Überwindung, den nächsten Gedanken auszusprechen. Dann fügt sie, wieder leise, als spräche sie mit sich selbst, hinzu: «Ich glaube, dass die Rückgabe Kareliens keine so einfache Sache wäre. Erstens haben alle Großmächte, inklusive Amerika, das Friedensabkommen und die Abtretung Kareliens abgesegnet. Deshalb wäre auch Kareliens Rückgabe nicht allein Finnlands Angelegenheit. Und zweitens: Karelien war uns lieb und teuer, und wir denken mit Tränen in den Augen daran. Aber wäre es dem finnischen Volk wirklich von Vorteil, eine so geschundene, ausgebeutete Region zurückzubekommen?»

Nur eine Autostunde von Hoilola entfernt, in der Nähe der Kleinstadt Tohmajärva, hören wir am Rande eines riesigen Getreidefeldes, das gerade abgeerntet wird, kräftige russische Stimmen. Das Feld gehört dem Bauern Eero Taattola, in Finnland berühmt, weil er als Erster im Land begann, Herfurt-Aquitaine-Rinder zu züchten. So jedenfalls erzählt uns Rebecca. Die vier russischen Männer, die am Feldrand gerade Pause machen, sind die einzigen Arbeiter, mit denen Eero Taattola seinen 240 Hektar großen Hof bewirtschaftet. Wassilij, der älteste der Russen, hat seine Familie in der Ukraine, ist aber schon seit fünf Jahren bei dem finnischen Rinderzüchter – dank immer neuer Arbeitsvisa. Seine jüngeren Kollegen kommen aus Russisch-Karelien und St. Petersburg. Ihre Antwort auf unsere Frage, warum sie hier und nicht in ihrer Heimat arbeiten, ist einfach: «Hier kann man nicht nur mehr verdienen, sondern die Arbeit ist auch besser organisiert. Was wir hier zu fünft mit Eero Taattola schaffen – dafür bräuchte man in Russland zwanzig Mann. Und das Ergebnis wäre immer noch nicht so gut.»

Wassilij und seine Kollegen sind sich durchaus der tragischen finnisch-russischen Vergangenheit bewusst, sie wissen um die Narben, die auf beiden Seiten immer noch nicht ganz verheilt sind. Doch zu spüren bekommen sie davon nichts. Das versichern sie uns jedenfalls mit Nachdruck, auch wenn ihr Chef nicht in der Nähe ist: «Die Menschen hier sind freundlich, grüßen uns, feiern manchmal auch mit uns. Von antirussischen Ressentiments keine Spur.»

Sich mit Eero Taattola zu unterhalten, ist ebenfalls unproblematisch. Der Fünfzigjährige spricht finnisch, englisch – und russisch. Gelernt hat er es von Wassilij, vor allem aber von seiner russischen Frau Jelena, die als Ärztin im Kreiskrankenhaus von Tohmajärvi tätig ist. «Ohne die russischen Arbeiter würde die Landwirtschaft in unserer Region nicht überleben», sagt er. «Und auch der Geburtenrückgang bei uns wäre noch viel dramatischer. Die jungen finnischen Männer ziehen weg, nach Helsinki und in andere Großstädte. Keiner will sich mehr auf dem Acker schinden. Wenn ich nicht Wassilij und die anderen hätte, müsste ich meine Produktion um mehr als die Hälfte reduzieren.»

Und die unglückliche finnisch-russische Vergangenheit, welche Rolle spielt sie?

Eero Taattola lächelt. «Natürlich kennt sie jeder hier. Und meine Mutter erinnert sich noch heute genau an die Schrecken der russisch-finnischen Kriege, den Verlust großer Teile unseres Kareliens. Aber all das ist Geschichte.»

Winterlandschaft am westlichen Ufer des Onega-Sees.

Das Standardboot der Fischer zu Sowjetzeiten. Robust und vielseitig verwendbar.

Zeitgenössischer Eigenbau: ein Monster-Dreirad auf Gummirädern – das ideale Fahrzeug nicht nur auf dem hartgefrorenen Eis des Onega-Sees, sondern auch bei Tauwetter und Schneematsch.

Die winterliche Schuja. Ihre Strömung ist so heftig, dass sie selbst in der kältesten Jahreszeit an manchen Stellen nicht zufriert. Vereinzelte warme Quellen erschweren ebenfalls die Eisbildung.

Links: Winterliche Dorfstraße in Russisch-Karelien.

Rechts: Das einstige Gehöft eines reichen Bauern im Dorf Scholtosero am Westufer des Onega-Sees. Das Dorf, das 1543 erstmals urkundlich erwähnt wird, ist das kulturelle Zentrum der Wepsen – nach den Kareliern die zweitgrößte nationale Minderheit in der Russischen Autonomen Republik Karelien. Das alte Bauernhaus ist das prächtigste Gebäude im Dorf und beherbergt heute das Heimatmuseum der Wepsen.

Kunstvoll verziertes Wohnhaus einer Wepsen-Familie. Die handgeschnitzten Ornamente zeigen Symbole, die bei den Wepsen schon vor mehr als tausend Jahren gebräuchlich waren und sich auch auf den reichbestickten traditionellen Trachten der Frauen finden.

Links: Haus einer russischen Familie in Scholtosero, die es zu bescheidenem Wohlstand gebracht hat. Der Hausherr arbeitet als Ingenieur im hundert Kilometer entfernten Petrosawodsk. Etwa siebzig Prozent der rund tausend Einwohner des Dorfes sind Russen. Außerdem leben hier Ukrainer, Kaukasier, Weißrussen. Die Zahl der Familien, die rein wepsischer Herkunft sind, wird mit «einer Handvoll» angegeben. In ganz Karelien verstreut sollen noch etwa viertausend Wepsen leben.

Rechts oben: Der Chor der Wepsen von Scholtosero. Zum Internationalen Frauentag am 8. März – in Russland ein gesetzlicher Feiertag – trifft man sich zu einer Chorprobe mit gemütlichem Beisammensein. Etwa die Hälfte der Mitglieder des Chores bezeichnet sich als «reine Wepsen», die anderen sind Russen oder stammen aus gemischten Familien, fühlen sich aber der wepsischen Kultur verbunden. Die Trachten der Frauen sind nach historischen Vorbildern genäht. Allerdings trugen die Frauen der Wepsen früher bis zu zwanzig Kilo Schmuck am Körper – aus echten Halbedelsteinen und Metall.

Rechts unten: Bei den Trachten der Männer zeigt sich deutlich der jahrhundertelange Einfluss der russischen Kultur in Karelien. Auch manche der alten wepsischen Lieder werden auf Russisch gesungen. Zu Sowjetzeiten war die Pflege der wepsischen Sprache und Kultur offiziell verboten.

Links oben: Nach der Chorprobe – mit einem Picknick im Freien wird fröhlich weitergefeiert, egal wie kalt es ist. An Speisen und Flaschen zum Wärmen ist traditionell kein Mangel.

Links unten: Ljuba, eine der Sängerinnen des Wepsen-Chores. Sie ist Köchin, geborene Russin. «Ich lebe hier, also achte ich auch die hiesige Kultur. Seit meiner Kindheit bemühe ich mich, Wepsisch zu lernen. Heute verstehe ich fast alles, nur mit dem Sprechen gibt's noch Probleme.»

Rechts: Olga Kukorina (im Vordergrund), Lehrerin an der Dorfschule von Scholtosero, ist geborene Wepsin. «Seit meiner Kindheit habe ich die wepsische Sprache in meiner Familie gehört. Es hat wehgetan, dass wir sie sogar im Dorfladen nicht sprechen durften. Es war ja eine Schande, Wepsin zu sein. Heute lernen meine Kinder Wepsisch. Dann können sie sich mit den Finnen verständigen und bekommen dort leicht Arbeit. Finnisch und Wepsisch sind sich sehr ähnlich.»

Im Kindergarten von Scholtosero. Von 7 Uhr bis 19 Uhr werden die Kinder hier betreut, für umgerechnet etwa einen Euro pro Tag. Schon im Kindergarten werden die Kleinen spielerisch mit der wepsischen Sprache vertraut gemacht. In der Schule von Scholtosero ist Wepsisch dann Pflichtfach – drei Stunden pro Woche. Allerdings nur bis zur siebten Klasse.

Links: Die Ältesten im Kindergarten von Scholtosero ...

Rechts oben: «Unterrichtsraum für Wepsisch» — Schild an der Tür eines Klassenzimmers.

Rechts unten: Auch das ist Scholtosero – der Buchladen, seit der Perestrojka geschlossen.

Rentnerinnen nach dem Einkauf. Sie leben von 1800 Rubel Rente – knapp sechzig Euro im Monat. «Ohne unseren Garten würden wir hungern», sagen sie.

An die Wand des Dorfladens gesprüht: «Wo ist das Leben?»

Links: Der Kloster-Archipel Walaam im nördlichen Ladoga-See, dem größten See Europas. 54 felsige Inseln gehören zu diesem Archipel und unzählige Kirchen, Kapellen, Einsiedlerklausen. Der Name Walaam stammt aus dem Finnisch-Karelischen und bedeutet «hohes bergiges Land». Die hier lebenden Mönche nennen ihren Archipel «Athos des Nordens».

Rechts oben: Das Heilige Tor, der Eingang zum Hauptgebäude und der Hauptkirche des Klosters Walaam. Nach der Unabhängigkeit Finnlands von Russland 1917 gelangte Walaam in finnischen Besitz. Im «Winterkrieg» fiel Walaam wieder an die Sowjetunion, aus dem Kloster wurde eine Bootsmannschule der Roten Armee. Die geflohenen finnischen Mönche gründeten in Zentralfinnland «Neu-Walaam».

Rechts unten: Vater Sergej, der Fahrer des Kloster-Taxis und Chef der klostereigenen Fischzucht. Mit seinem Minibus transportiert er Pilger und Touristen – zu höheren Preisen als in Moskau. Bevor er 1998 Mönch wurde, hatte er bei einer deutschen Firma in St. Petersburg gearbeitet und sich danach mit einem eigenen kleinen Unternehmen versucht, als «bisnesmen», wie es auf Russisch heute heißt.

Links: Die ersten Mönche erschienen auf Walaam um 1400. Bereits zwei Jahrhunderte später betrug ihre Zahl sechshundert. Heute leben auf Walaam etwa fünfzig Mönche. Die körperlichen Arbeiten verrichten freiwillige Helfer – in der klostereigenen Bäckerei, der Schlosserei, der Landwirtschaft und allen anderen Klosterbetrieben.

Rechts: Eine Pilgerin aus einem Dorf in Zentralrussland mit ihrem Enkelkind — im Gespräch mit einem jungen Mönch. Der Klosterhof ist für alle Besucher zugänglich, allerdings mit strengen Kleidervorschriften für die Frauen – Kopftuch, langer Rock, bedeckte Arme.

Eine Inselbewohnerin bietet Äpfel aus dem eigenen Garten an. Neben den Mönchen leben auf Walaam noch etwa zweihundert Einheimische – die Beziehungen sind nicht immer konflikt-frei. Das Kloster steht in Verdacht, Anspruch auf den ganzen Archipel zu erheben.

Die Hauptkirche von Walaam, die Christi-Verklärungs-Kirche. Zu Beginn des finnisch-russischen «Winterkriegs» 1939/40, als Walaam noch zu Finnland gehörte, wurde sie von Flugzeugen der Roten Armee bombardiert. Heute wird sie mit Staats- und Spendengeldern aufwendig restauriert.

Das Geläut der Christi-Verklärungs-Kirche. Von hier schweift der Blick weit über den Archipel Walaam und den Ladoga-See.

Russische Volksfrömmigkeit. In früheren Zeiten galt der Besuch von Walaam als Ersatz für die beschwerliche Pilgerreise nach Jerusalem. Heute ist er oft eingebettet in das Programm touristischer Rundreisen durch ganz Nordrussland.

Links oben: Der Eingang zur Nikolskij-Insel mit der gleichnamigen Kapelle. Nach dem Zweiten Weltkrieg brachte man auf diese Insel neben geistig Behinderten auch Kriegsinvaliden, deren Anblick auf den Straßen Moskaus und Leningrads von den Behörden als «störend» empfunden wurde. Heute sind Insel und Gotteshaus wieder im Besitz der Kirche. Frauen ist der Zutritt zur Insel verboten.

Links unten: Ankunft eines Pilgerbootes auf Walaam. Mehr als zehntausend Gläubige pro Monat besuchen im Sommer den Kloster-Archipel – unter ihnen auch viele junge Menschen. Übernachtungs- und Verpflegungsmöglichkeiten gibt es für die Pilger auf Walaam kaum.

Rechts: Ein junger Dorfpriester aus dem Gebiet von Woronesch, der eine Pilgergruppe aus seiner Gemeinde nach Walaam begleitet. «Gott liebt fröhliche Pilger», sagt er und lädt uns zu mitgebrachtem Brot, hartgekochten Eiern und Gurken ein.

Die Hütte eines Einsiedlermönches auf einer der kleineren Inseln von Walaam.

Mit Vater Sergej auf dem Weg zu seinen Fischzuchtbecken. «Wir Mönche», sagt er im Gespräch vor Maxims Kamera, «sind die Repräsentanten der russischen Gesellschaft. Unser Kloster war das geistig-kulturelle Zentrum Russlands. Und das soll es wieder werden. Wir brauchen nichts Fremdes. Die westliche Kultur schadet uns nur.»

Der Klosterhof von Walaam. Die Glocke ist eine Nachbildung der Hauptglocke des Klosters, die 1940 bei der Flucht der finnisch-orthodoxen Mönche in den Ladoga-See fiel und seither verschwunden ist. Die neue Glocke trägt die Inschrift: «Geweiht dem Heiligen Andreas. Gegossen 2005 in Woronesch – zu Zeiten des Patriarchen Aleksij II. und des Staatsoberhauptes W. Putin.»

Regelmäßig kommt ein professioneller Glockenspieler (Bildmitte) nach Walaam, um junge Mönche in dieser alten russischen Kunst zu unterrichten. Seit der Wende in Russland erlebt das kirchliche wie weltliche Glockenspiel eine stürmische Renaissance, und begabte Glockenspieler können sogar von ihrer Kunst leben.

Links: Jurij Djmitrijew, der Historiker und Entdecker des Lagerfriedhofs bei Padosero, forscht seit Jahren in Karelien nach den Spuren der Opfer des GULAG und versucht, auch das Schicksal deutscher Kriegsgefangener und Zwangsarbeiter aufzuklären. «99 Prozent der bei Kriegsende nach Karelien verschleppten deutschen Zivilisten waren friedliche und unschuldige Menschen», sagt er. «Dass Hitler und Stalin in der Hölle schmoren, geschieht ihnen recht.»

Rechts: Versteckt in den karelischen Wäldern – ein ehemaliger Friedhof für deutsche Frauen, die Ende des Zweiten Weltkriegs von der Roten Armee aus Ostpreußen zur Zwangsarbeit nach Karelien verschleppt wurden. Auf Initiative der Menschenrechtsorganisation «Memorial» und der Heinrich-Böll-Stiftung wurden 1998 auf dem Gelände des verfallenen Lagerfriedhofs bei Padosero Kreuze errichtet und eine Inschrift in deutscher und russischer Sprache angebracht, die an die Opfer erinnert.

Links oben: Der pensionierte Elektroingenieur Juri Koontkenen im Dorf Kalevala, dem «Herzen Kareliens», knapp fünfzig Kilometer von der russisch-finnischen Grenze entfernt. Sein Vater war Finne, seine Mutter Russin. Er kennt noch das dem Finnischen verwandte Karelisch, doch seine Enkel sprechen nur noch russisch. «Die Sprache geht verloren, weil viele Ehen hier gemischt sind. Wenn ein karelischer Mann eine Russin heiratet, wie soll er da karelisch sprechen? Sie versteht doch nichts.»

Links unten: Das Heimatmuseum von Kalevala. Auch die Leiterin, Swetlana Nikolajewna, stammt aus einer finnisch-russischen Familie. «Früher», sagt sie, «gab es hier noch eine finnisch-karelische Zeitung und ein finnisch-karelisches Radio. Seit der Perestrojka ist alles eingestellt. Marktwirtschaft!» Das frühere große Heimatmuseum wurde geschlossen, weil man einen Bauplatz für Läden brauchte. Nun ist es in dieser winzigen Hütte mit zwei kleinen Zimmerchen untergebracht.

Rechts: Nur wenige Gegenstände und ein paar Fotos alter Runensängerinnen erinnern an die traditionelle Kultur und Lebensweise der Karelier. Die einzige Hoffnung der Museumsleiterin: dass die jungen Leute — wie bei den Wepsen — wieder anfangen, Karelisch zu lernen, um vielleicht in Finnland Arbeit zu bekommen.

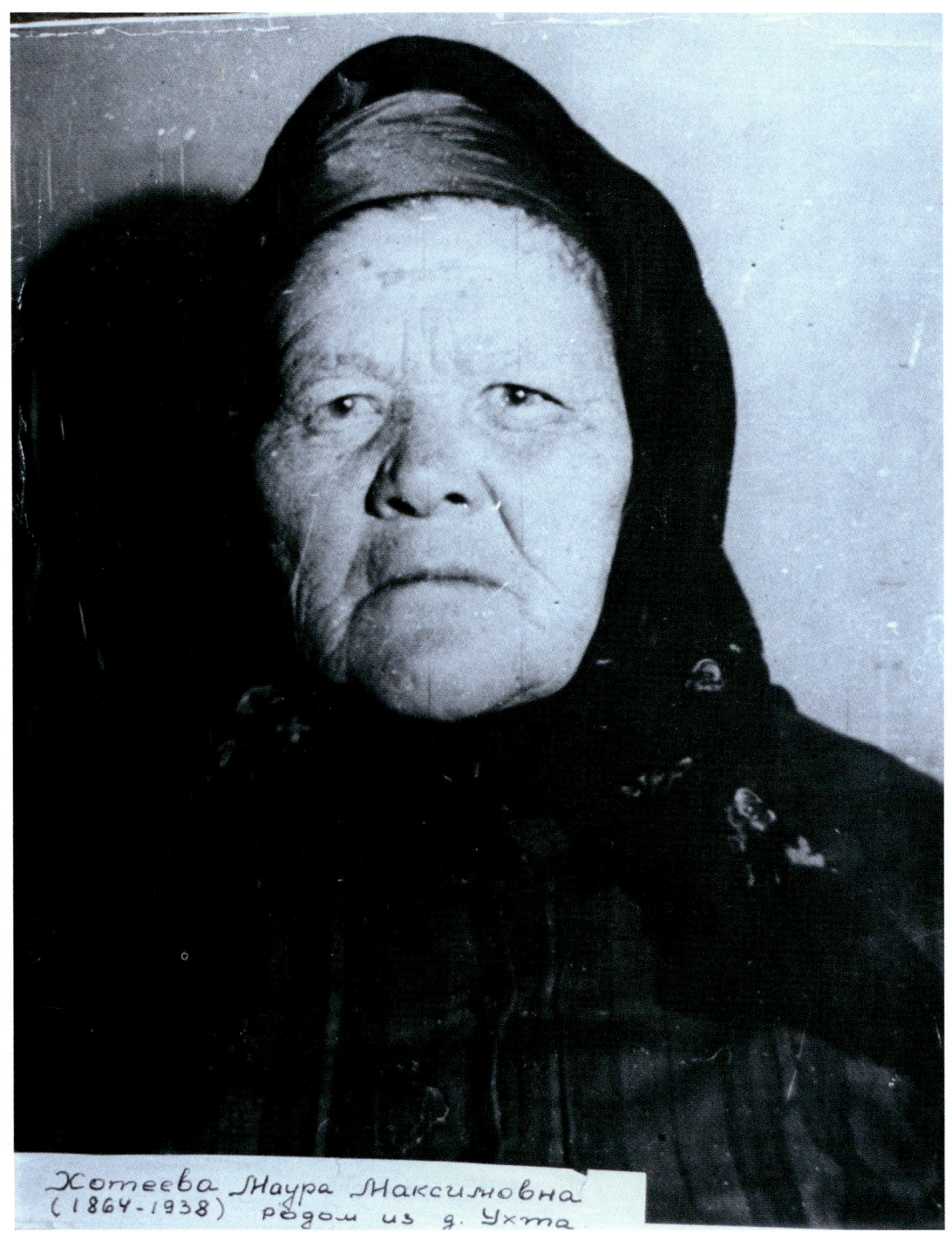

Хотеева Маура Максимовна
(1864-1938) родом из д. Ухта

Historisches Porträt einer Runensängerin im Heimatmuseum von Kalevala.

Die legendäre Kiefer in Kalevala. Unter ihr soll um 1830 der junge finnische Arzt und Völker-kundler Elias Lönnrot gesessen und die alten Lieder und Gedichte (finnisch «Runo») aufge-zeichnet haben, die ihm die Runensänger Kalevalas und der umliegenden Dörfer vortrugen. Daraus entstand das Versepos «Kalevala», das als finnisches Nationalepos gilt.

Das Dorf Juschkosero am Ufer des Flusses Kem, etwa vier Autostunden – über Sandwege – von Kalevala entfernt, eines der vielen «sterbenden» Dörfer Russisch-Kareliens. Die Landwirtschaft ist zusammengebrochen, der Forstbetrieb an einen Grundstücksspekulanten verkauft. Die Jugend zieht in die Städte, die Alten werden immer weniger …

Wie in anderen Dörfern stehen auch in Juschkosero viele der alten Häuser zum Verkauf. Sie werden meist von Großstädtern aus St. Petersburg und Moskau zu Datschen umgebaut.

Vor jedem Haus in Kareliens Dörfern – Brennholz für den langen Winter.

Eine der letzten einheimischen Bewohnerinnen des Dorfes. «Entweder man zieht hier weg, oder man wird zum Trinker. Vielleicht ist das Dorf im nächsten Winter schon leer.» Sie sagt uns, was «Deutschland» auf Karelisch heißt: «Schakscha.» Und freut sich, dass wir uns für ihr schönes karelisches Dorf interessieren, «bevor es aufhört, ein karelisches Dorf zu sein».

Die Hängebrücke über die Kem bei Juschkosero. Ihr Bild ziert sogar eine unlängst in Helsinki erschienene finnische Landkarte Kareliens.

Links oben: Die letzte Runensängerin aus der Region um Kalevala, zugleich die älteste Einwohnerin von Juschkosero – Helena Reikina, achtzig Jahre alt. Sie singt uns alte karelische Volkslieder und Balladen, die sie als Kind von ihrer Mutter gehört hat, aber auch russische Scherzlieder. Und plötzlich springt sie auf und tanzt. «Solange ich singe und tanze, lebe ich noch.» Und was wird aus den alten Liedern? «Ich weiß es nicht.»

Links unten: Helena Reikina im Garten vor ihrem Haus. Sogar zum Abschied singt sie uns noch ein karelisches Lied.

Rechts: Immer wieder ein kritischer Blick zum Himmel – hält das schöne Wetter? Binnen Minuten kann sich in Karelien die Sonne verdunkeln und ein mächtiges Gewitter die Dreharbeiten abrupt beenden.

Auf russischer Seite wie auf finnischer — Holzwirtschaft. Das meiste Holz aus Russisch-Karelien wird nach Finnland transportiert, von finnischen Lkw für Finnlands größten Papier-produzenten ENSO.

Mindestens zwanzig Prozent des Holzeinschlags in Russisch-Karelien, so russische Umwelt-schützer, sind illegal. Ökologische Aspekte spielen häufig nur eine untergeordnete Rolle. «Um mit der Säge zu arbeiten, muss man bei uns überhaupt kein Wissen über die Ökologie des Waldes haben. Wenn es so weitergeht, wird der Wald als Ressource eine immer kleinere Rolle spielen!»

Links: Russisch-finnischer Grenzübergang bei Kostomukscha im Norden Kareliens. Nach dem Zweiten Weltkrieg war die finnisch-russische Grenze – neben der innerdeutschen – die am stärksten befestigte und bewachte Grenze Europas. Heute geht es hier eher ruhig und zivilisiert zu. Unsere Wartezeit beträgt kaum eine Stunde.

Rechts oben: Auch die Abfertigung unseres umfangreichen Kameragepäcks durch den finnischen Zoll ist unproblematisch. Maxim hat Visa und alle anderen erforderlichen Dokumente schon in St. Petersburg besorgt.

Rechts unten: Überall in den Wäldern Kareliens – auf russischer wie auf finnischer Seite – stößt man auf unendliche Reihen solcher Felsbrocken: Panzersperren aus dem Zweiten Welt-krieg. Dieses Bild entstand in der Nähe der finnischen Kleinstadt Ilomantsi, dem Zentrum Finnisch-Kareliens.

Der Virmarjärvi. Mitten durch diesen See verläuft die finnisch-russische Grenze.

Links: Dieser Pfahl am finnischen Ufer des Virmarjärvi-Sees markiert den geographisch öst-
lichsten Punkt der EU; er liegt noch östlicher als St. Petersburg. Maxim besteht auf einem
Gruppenbild mit den beiden Damen unseres Teams: unserer in Finnland lebenden Producerin
Rebecca Libermann (Mitte) und Fotografin Gabi Mühlenbrock.

Rechts: Die Tafel am Pfahl zeigt die Grenzen Finnlands und am rechten Rand den Punkt, an
dem sich der Betrachter befindet. Der Text erinnert an den Beitritt Finnlands zur EU und daran, dass der Pfahl vom Rotary-Club in Ilomantsi gestiftet wurde. Die unterstrichenen Zeilen
lauten: «Möge dieser Pfahl ein Symbol der Freundschaft, der Zusammenarbeit und
des Friedens sein.»

Suomen ja Euroopan Unionin mantereen itäisimmän pisteen merkkipaalu vihittiin 28.6.1996 Ilomantsin Virmajärven rannalla.

Paalun suunnitteli Rotaryveli Tapio Hoikkanen, lahjoitti liikennöitsijä Ossi Pesonen, pystytti Ilomantsin Rotary-klubi ja vihki isä Rauno Pietarinen.

Olkoon tämä paalu ystävyyden, yhteistyön ja rauhan symboli!

Auch in Finnisch-Karelien: Wälder ohne Ende. Nur die Straßen sind etwas anders ...

Schlanke Birken des Nordens – Thema vieler karelischer Volkslieder.

Sommerhäuschen am Petkeljärvi. Fast jede finnische Familie hat irgendwo versteckt in den Wäldern oder an verträumten Seeufern ein Sommerrefugium.

Seenlandschaft in Finnisch-Karelien. «Stille», so sagt man hier, «ist das größte Geschenk
Kareliens.» Auf dem Grunde vieler Seen des Grenzlandes liegen noch immer versenkte Panzer
und anderes Kriegsgerät.

Links: Briefkästen am Straßenrand in Finnisch-Karelien. Die meisten haben keine Schlösser.

Rechts oben: Untamo Salonen, ein finnischer Karelier, dessen Heimatdorf heute in Russisch-Karelien liegt. Wie 400 000 andere Karelier musste seine Familie bei Kriegsende, als große Teile Finnisch-Kareliens an die Sowjetunion fielen, ihre Heimat verlassen. «Unsere Wurzeln wurden abgeschnitten. Doch uns sind neue gewachsen. Es geht uns gut.»

Rechts unten: Das Kirchenboot der Familie Salonen, mit dem sie sich alljährlich zusammen mit anderen Dorfbewohnern auf die traditionelle Sommerprozession begibt – einer der wichtigsten Festtage der finnisch-orthodoxen Karelier.

Die Tischlerwerkstatt von Untamo Salonen und seinem Bruder Antero. Hier zimmern und schnitzen die gelernten Schreiner Särge, Kreuze, Ikonen und Möbel aller Art. Die Kreuze an den Wänden tragen die Brüder bei jeder Prozession.

Das Anwesen der Familie Salonen. Am anderen Ufer des Sees lag ihr Heimatdorf. Es gehört heute zu Russland. Erst fünfzig Jahre nach Ende des Zweiten Weltkriegs konnten sie es wieder besuchen.

Links: Untamos Frau Aulikki (rechts) und seine Tante Impi beim Backen des karelischen Nationalgerichts – Piroggen. Sie unterscheiden sich kaum von russischen Piroggen, sind manchmal nur etwas kleiner. «Aber eigentlich macht sie jeder, wie er will», meint Aulikki, die gelernte Köchin.

Rechts: Impi Salonen. Die fünfundachtzigjährige Bauersfrau arbeitete in beiden finnisch-russischen Kriegen des vergangenen Jahrhunderts als freiwillige Sanitäterin in finnischen Feldlazaretten. «Der Verlust Ostkareliens wurde von allen Großmächten abgesegnet. Die Rückgabe wäre eine schöne Sache. Aber wäre es wirklich für das finnische Volk ein Vorteil, diese geschundene, ausgebeutete Region zurückzubekommen?»

Links: Urpo Parviainen, Finnlands berühmtester Messerschmied, ein Karelier. Er ist einer der Letzten, die noch die traditionelle Kunst des Schmiedens der legendären Finnmesser beherrschen. Über Jahrhunderte galt das Finnmesser als wichtigstes Attribut der Männer des Nordens. Auch die Frauen trugen eine – zierliche – Variante, als Zeichen ihres Selbstbehauptungswillens in der finnischen Einöde.

Rechts: Das Eisenerz für seine Messer holt Urpo Parviainen aus dem Möhkä-See, unweit der heutigen finnisch-russischen Grenze. Den Griff und die Scheide der Messer schnitzt er aus Birkenholz.

Links: Ein traditioneller karelischer Weidezaun. Zäune dieser Art findet man bis heute auf finnischer wie russischer Seite Kareliens.

Rechts oben: Das «Haus der Runensänger» bei Ilomantsi – ein Museum, gewidmet den karelischen Runensängern, die über unzählige Generationen den Schatz der mündlichen Überlieferung ihres Volkes weitertrugen. Sie galten nicht nur als die Bewahrer der karelischen Kultur, sondern haben mit ihren im Epos «Kalevala» zusammengetragenen Runen auch erheblichen Anteil am Entstehen einer nationalen Identität der Finnen.

Rechts unten und folgende Seite oben: Die weißgestrichenen Verzierungen an Fensterläden, Türen und Dächern sind Kunstwerke der Holzschnitzerei und Schreinerei – jahrhundertelang gepflegte Tradition in Finnisch-Karelien und auch heute noch lebendig.

Kantele-Spielerinnen im «Haus der Runensänger» (oben). Das zitherähnliche Zupfinstrument ist seit mindestens zweitausend Jahren bekannt und gilt als finnisches Nationalinstrument. Es hat seinen Ursprung in Karelien und war früher mit fünf Saiten bespannt, moderne Instrumente zählen bis zu sechsunddreißig. Noch heute steht auf dem Stundenplan finnisch-karelischer Schulen Kantele-Unterricht.

Abendstimmung am Mekri-See. Hier verlief die Front im finnisch-sowjetischen Winterkrieg 1939/40.

Eines der vielen finnisch-russischen Schlachtfelder im finnischen Teil Kareliens – wenige
Kilometer nördlich von Ilomantsi. «Zum Gedenken an die Kämpfe im Sommer 1944», steht
auf dem Granitfelsen in der Mitte. Die Kanonen links und rechts wurden 1901 in Petrograd,
dem heutigen St. Petersburg, gegossen. Damals war ganz Finnland noch russisches Groß-
herzogtum – bis 1917.

Getreideernte bei Tohmajärvi. Das Feld gehört zum 240 Hektar großen Besitz von Eero Taattola, der als erster Bauer in Finnland mit der Zucht von Herfurt-Aquitaine-Rindern begann. Auf seinem ökologisch geführten Hof arbeiten ausschließlich Russen.

Zwei der vier russischen Landarbeiter bei Bauer Taattola, die schon mehrere Jahre – mit immer neuen Arbeitsvisa – nach Finnland kommen. «Hier kann man nicht nur mehr verdienen», sagen sie, «die Arbeit ist auch besser organisiert. Und die Menschen begegnen uns freundlich.»

Eero Taattola, der viele Jahre als Tankerkapitän zur See fuhr und seit achtzehn Jahren Bauer ist. «Ohne die russischen Arbeiter würde die Landwirtschaft in unserer Region nicht überleben. Die jungen finnischen Männer ziehen weg, nach Helsinki und in andere Großstädte.»

Eine orthodoxe Ikone bei Hoilola – geschnitzt und bemalt von Antero Salonen, der seine karelische Heimat in Russland verlassen musste und heute in Finnisch-Karelien lebt. «Finnische und russische Karelier sind Glaubensbrüder. Daran ändert auch keine Grenze etwas.»

Die mächtigen Kuppeln der Christi-Verklärungs-Kirche, der Hauptkirche des Klosters Walaam im Ladoga-See.

Strohpuppen auf einem Feld unweit von Joensuu, der Hauptstadt Finnisch-Kareliens.

Beginn des Tauwetters am Onega-See.

Lofoten

Narvik

Nördlicher Polarkreis

Atlantischer Ozean

N O R W E G E N

S C H W E D E N

Trondheim

Barentssee

Europäisches
Nordmeer

Murmansk

Archangelsk

Bottnischer
Meerbusen

Karelien

FINNLAND

RUSSLAND

SCHWEDEN

NORWEGEN

Oslo

Helsinki

St. Petersburg

Stockholm

Tallinn

Nordsee

ESTLAND

Moskau

LETTLAND

DÄNEMARK

LITAUEN

WEISS-
RUSSLAND

Berlin

POLEN

DEUTSCHLAND

UKRAINE

Oslo

Stockholm

Helsinki

Ostsee

Dagö

Tallinn

Ösel

E S T L A N D